Bryn Mawr Latin Commentaries

Editors

Julia Haig Gaisser

Bryn Mawr College

James J. O'Donnell

Arizona State University

The purpose of the Bryn Mawr Latin Commentaries is to make a wide range of classical and post-classical Latin authors accessible to the intermediate student. Each commentary provides the minimum grammatical and lexical information necessary for a first reading of the text.

Bryn Mawr Latin Commentaries

Lucan
De bello civili IX

[Second Edition]

David P. Kubiak

Thomas Library
Bryn Mawr College
Bryn Mawr Pennsylvania

The Bryn Mawr Latin Commentares are supported by a generous grant from the Division of Education Programs of the National Endowment for the Humanities.

Copyright © 2016 by Bryn Mawr Commentaries

Manufactured in the United States of America

ISBN (10) 1-931019-09-6
(13) 9781931019095

Printed by
Bryn Mawr Commentaries
Thomas Library
101 North Merion Avenue
Bryn Mawr PA 19010

Bryn Mawr Latin Commentaries

Lucan
De bello civili IX

[Second Edition]

David P. Kubiak

Thomas Library
Bryn Mawr College
Bryn Mawr Pennsylvania

The Bryn Mawr Latin Commentares are supported by a generous grant from the Division of Education Programs of the National Endowment for the Humanities.

Copyright © 2016 by Bryn Mawr Commentaries

Manufactured in the United States of America

ISBN (10) 1-931019-09-6
(13) 9781931019095

Printed by
Bryn Mawr Commentaries
Thomas Library
101 North Merion Avenue
Bryn Mawr PA 19010

Preface to the Second Edition

Advances in Lucan scholarship and a desire to emend some *errata*, especially in the line numbers of the lemmata, have prompted this second edition of a commentary now thirty years old. Here I have adopted the title *De bello civili* for the poem, which has the best manuscript evidence. In the notes there is an alteration of some sort approximately once every five lines. Students will find more grammatical and lexicographical references; a few difficulties originally left without comment have been glossed; and the author's train of thought is generally followed in more detail. Lucan is a poet whose linguistic eccentricities often cannot be explained fully either by commentary or translation, but I hope that this revision will be a more complete aid for today's readers of Book 9.

I want first to thank Richard Hamilton for his continuous help and patience with this project. To my former student Matthew Binder I am grateful for his Argus-eyed proofreading of the text. It would not exist at all without the scholarly generosity of Elaine Fantham, who read the entire commentary, added much that was pertinent, and saved me from many errors. Those remaining are my own.

Crawfordsville, Indiana
August 2016

Lucan and *De bello civili*

M. Annaeus Lucanus was born A.D. 39 in Corduba (modern Cordoba), chief city of the Spanish province of Baetica, where Latin culture had long been established. His family was distinguished in both rank and intellectual achievement: L. Annaeus "the Elder" Seneca, a writer on rhetoric, was his grandfather, and his uncle was the younger Seneca, famous as a philosopher and tragedian. Lucan received the traditional literary and rhetorical education at Rome, where his father had brought him before he was a year old; he also studied philosophy with the Stoic Cornutus, among whose other pupils was the satiric poet Persius. The particular character of Lucan's work would eventually come from this double influence of rhetoric and Stoic philosophy.

From his earliest youth Lucan composed poetry, and it must have been a shared interest in literature that brought him to the attention of Nero, whose principate began in 54 with promising signs for the arts. He recited a poem in praise of the emperor at the Neronian games in 60; Nero's favor was shown in his appointment of Lucan to a quaestorship and to the college of augurs. The two men did not, however, remain on friendly terms. For reasons difficult to recover accurately, Nero forbade Lucan to publish his works or give recitations of them. (The ancient biographical tradition, always open to suspicion, claims artistic jealousy as Nero's motive.) The poet then joined the ill-fated Pisonian conspiracy of 65, and was forced to commit suicide when the plot was uncovered.

Lucan's most important poem, titled in the ancient sources *De bello civili* or *Bellum civile*, is an historical epic on the conflict between Caesar and Pompey, which was decided in Caesar's favor at the battle of Pharsalus in Thessaly. (Older scholarship wrongly called Lucan's composition the *Pharsalia*; see note on line 985.) Nine books and part of a tenth were completed, narrating events from Caesar's crossing of the Rubicon in 49 B. C. to his occupation of Pharus in Egypt in 47, but there are indications that Lucan intended to continue the poem at least to Caesar's assassination in 44. The genre of historical epic was an old one at Rome, having begun with Naevius' *Bellum Punicum* and the *Annales* of Ennius. It was, however, the preeminence of Virgil's achievement that lay heaviest on succeeding poets, and it is with this burden that Lucan chiefly struggles in his own epic. His artistic temperament made it necessary to eliminate the traditional divine machinery; gone, too, must be the beneficent side of fate, which made Aeneas the founder of a great people. Lucan's theme is immoral disintegration, not hopeful beginning, and his style matches the subject.

The resulting break with the past produced various reactions in antiquity. Petronius inserted into the *Satyricon* an example by contrast of how poetry on civil war should be written; Quintilian thought Lucan a better model for orators than poets. But Tacitus speaks of him with respect, not surprisingly, since the two authors share much of the same cynical view of politics.

The ninth book is the longest of the poem, and chiefly describes Cato's dangerous march with the remnant of Pompey's forces through the Libyan desert after Pharsalus. It contains good examples of some of the epic's main stylistic features: extended speeches, geographical and astronomical excursuses, emphasis on the violent and bizarre, and a tendency towards exaggeration verging on the comic. Also ever-present is Lucan's penchant for difficult modes of expression, which has led one scholar to remark on the "shapes of obscurity dark and involved [into which] Lucan could torture the clearest of languages." The following notes will perhaps help to illuminate the darkness, and reveal to students today the idiosyncratic power of Lucan's verse.

Metrical Introduction

Quantitative meter is based on various patterns of long and short syllables. The number of syllables in each word depends on the number of vowels and diphthongs (two vowels pronounced as one – e.g., *ae*). Words are divided into syllables according to the following rules:
1. If a vowel or diphthong is followed by a single consonant, that consonant is taken with the next syllable, and the first syllable is called **open** (e.g., *o-cu-li* has three open syllables).
2. If the vowel or diphthong is followed by two or more consonants, division takes place between the consonants, and the syllable is **closed** (e.g., in *in-tem-pes-ti-vi* the first three syllables are closed, the last two open.

NOTE: x (= cs) and z (= ds) count as two consonants and qu as one; h is not considered a consonant and has no power to close a syllable.

The same rules apply at the end of a word, e.g.:
qui-quon-dam-stu-di-o
e-ra-t il-le (note that the second syllable is open).
If a word ending with a vowel or *m* is followed by a word beginning with a vowel or *h*, the first of the adjacent syllables is suppressed (elision), e.g.: *multum ille et* = *mult_ill_et*. But if the second word is *es* or *est* the process is reversed (prodelision), e.g.: *illa est* = *illa_st*; *quantum est* = *quantum_st*.

A syllable is long if:
1. it contains a long vowel or diphthong;
2. it is closed.

Sigla: u short – long x anceps (short or long)
The last syllable in a verse may be either long or short, but is traditionally counted and marked as long.

In *De bello civili* Lucan uses the dactylic hexameter meter, the regular meter of epic poetry since Homer. The hexameter consists of six rhythmical units called metra or feet, which may be either dactyls (– u u) or spondees (– –). The sixth (last) metron or foot is by convention scanned as a spondee; the fifth is generally a dactyl, and is artistically significant when it is not. Word break regularly occurs at one or more fixed points in the line. Word division coinciding with a break between feet or metra is called a *diaeresis* (| |); a division not coinciding with a metrical break is called a *caesura* (^).

De bello civili 9.1 is scanned thus:

– –| –   u u|– ^ –|– u u|– u u|– –
At non in Pharia manes iacuere favilla.

Bibliography

Texts and Commentaries
The text used for this commentary is that of A. E. Housman (*Lucanus*, Oxford, 1926, 5th impression 1970). J.D. Duff's volume in the Loeb series (Cambridge, Mass., 1928) follows closely Housman's text and interpretations. Of older editions with commentary that of C. E. Haskins (London and Cambridge, 1887, reprint Hildesheim, 1971) is still valuable, chiefly for the long introduction by W. E. Heitland. D. R. Shackleton-Bailey's re-editing of Lucan (*Lucanus, De Bello Civili*, Stuttgart, 1988) provides a modern successor to Housman, with whom the author sometimes differs textually and in his understanding of the Latin. There are English commentaries for Book 1 by R. J. Getty (New York, 1979) and P. Roche (Oxford, 2009), Book 2 by E. Fantham (Cambridge, 1992), Book 4 by P. Asso (Berlin, 2010), Book 5 by P. Barratt (Amsterdam, 1979, Book 5.476-721 by M. Matthews (Oxford/NewYork, 2008), Book 7 by O.A.W. Dilke, revised from the earlier edition of J. P. Postgate (Cambridge, 1960), and Book 8 by R. Mayer (Warminster, 1983). S. H. Braund has published a reader with notes on 620 lines of the poem (Mundelein, Ill., 2009), as well as an annotated translation (Oxford, 1992).

Selected Secondary Literature
Ahl, F. M. *Lucan, an Introduction*. Ithaca, NY, 1976.
Asso, P., ed. *Brill's Companion to Lucan*. Leiden, 2011.
Bramble, J.C. "Lucan" in *The Cambridge History of Classical Literature II*. Cambridge, 1982, pp. 533-57.
Day, H. J. M. *Lucan and the Sublime: Power, Representation and Aesthetic Experience*. Cambridge/New York, 2013.
Johnson, W. R. *Momentary Monsters: Lucan and His Heroes*. Ithaca/London, 1987.
Leigh, M. *Lucan: Spectacle and Engagement*. Oxford, 1997.
Morford, M. P. O. *The Poet Lucan*. Oxford, 1967.
Sullivan, J. P. *Literature and Politics in the Age of Nero*. Ithaca, NY, 1985.
Walde, C., ed. *Lucan in the 21st Century*. Munich/Leipzig, 2005.

Abbreviations

AG   J. H. Allen and J. B. Greenough, *Allen and Greenough's New Latin Grammar*, revised 1903 ed. updated by A. Mahoney, Newburyport, Mass., 2001.
H.   A. E. Housman's edition as listed above.
OLD P. G. Glare, ed., *Oxford Latin Dictionary*, Oxford, 1983.
S.B. D. R. Shackleton-Bailey's edition as listed above.

LIBER NONVS

At non in Pharia manes iacuere fauilla
nec cinis exiguus tantam conpescuit umbram ;
prosiluit busto semustaque membra relinquens
degeneremque rogum sequitur conuexa Tonantis.
5 qua niger astriferis conectitur axibus aer
quodque patet terras inter lunaeque meatus,
semidei manes habitant, quos ignea uirtus
innocuos uita patientes aetheris imi
fecit et aeternos animam collegit in orbes :
10 non illuc auro positi nec ture sepulti
perueniunt. illic postquam se lumine uero

post 4 dist. Grotius et ut uidetur Priscianus G.L.K. III p. 217, minus bene post 6 Bentleius : aliter interpungendo et Cortius et Franckenius sententiam peruerterunt. Pompei anima eo enisa est ubi aer inter terram lunamque patens aetheri conectitur, hoc est ad lunarem circulum, τὴν τῆσ σελήνησ σφαῖραν πλησιά-ζουσαν τῷ ἀέρι Chrysipp. ap. Stob. ecl. I 21 5, quam regionem piorum manes habitare credebantur : uide Porph. ap. Stob. ecl. I 49 61 ταῖσ τῶν εὐσεβῶσ βεβιωκότων ψυχαῖσ μετὰ τὴν τελευτὴν οἰκεῖόσ ἐστι τόποσ ὁ περὶ τὴν σελήνην, Plut. de fac. in orb. lun. 28, Sext. Emp. adu. math. IX 73, Cic. Tusc. I 43, Tert. de an. 54 *sublimantur animae sapientes* . . . *apud Stoicos sub lunam*, Seru. Aen. v 735 *elysium* . . . *est* . . . *secundum theologos circa lunarem circulum, ubi iam aer purior est* 5 *niger* 'ex comparatione eius aeris qui semper inflammatur atque igneus est, quem uocamus aethera' c, 'usque ad lunarem circulum turbidus est aer' a. *astriferis axibus*, octo orbium συστήματι qui planetas et fixa sidera ferunt, quorum infimus lunaris est 6 ordinem esse *niger aer idque quod patet*, quae duo unam rem ostendunt, ut VIII 1 *Herculeas fauces nemorosaque Tempe*, intellexisse uidetur Bentleius ; neque enim terrae lunaeque interuallum habitant semidei manes aetheris imi patientes 9 *aeternos orbes*, astriferos axes 5. Seru. Aen. VI 127 *bene uiuentium animas ad superiores circulos, id est ad originem suam, redire* ; quamquam non supra infimum octo orbium escendunt, sicut infimo tantum niger conectitur aer *collegit* ex multorum corporibus et omnibus gentibus falso c 'aut quoniam Pythagoras dixit huiusmodi animas in stellas conuerti, quomodo accipimus *aeternos orbes*', quam interpretationem respuunt praecedentia, praesertim illa *aetheris imi*

inpleuit, stellasque uagas miratus et astra
fixa polis, uidit quanta sub nocte iaceret
nostra dies risitque sui ludibria trunci.
15 hinc super Emathiae campos et signa cruenti
Caesaris ac sparsas uolitauit in aequore classes,
et scelerum uindex in sancto pectore Bruti
sedit et inuicti posuit se mente Catonis.
ille, ubi pendebant casus dubiumque manebat
20 quem dominum mundi facerent ciuilia bella,
oderat et Magnum, quamuis comes isset in arma
auspiciis raptus patriae ductuque senatus ;
at post Thessalicas clades iam pectore toto
Pompeianus erat. patriam tutore carentem
25 excepit, populi trepidantia membra refouit,
ignauis manibus proiectos reddidit enses,
nec regnum cupiens gessit ciuilia bella
nec seruire timens. nil causa fecit in armis
ille sua : totae post Magni funera partes
30 libertatis erant. quas ne per litora fusas
colligeret rapido uictoria Caesaris actu,
Corcyrae secreta petit ac mille carinis
abstulit Emathiae secum fragmenta ruinae.
quis ratibus tantis fugientia crederet ire
35 agmina, quis pelagus uictas artasse carinas ?
Dorida tum Malean et apertam Taenaron umbris,
inde Cythera petit, Boreaque urguente carinas
Graia fugit, Dictaea legit cedentibus undis

12 miratus ZMV, -ur GU, -os P. *que . . . et* inter se respondent, nisi forte *postquam impleuit* et participium ex aequo ponuntur, ut Sil. XIII 147 sq. *postquam . . . uidet et clamore propinquo* et Ouid. met. v 362 sq. *postquam exploratum . . . est . . . depositoque metu*, quae uerba multi imperite mutarunt 24 om. P 28 *nec seruire timens* expl. Grotius causa ZMPC, -ae GUV 29 sua GC, sui in ras. M, suae Ω propter *totae* 35 om. Z 36 'Lacones Doris uocantur et sinus incolae Boeatici (et insule ciboea *cod.*), cuius Maleos promunturium est' c, sic enim scribendum uidetur : *insula* pro *sinus* idem liber ed. Vsen. p. 313 13 38 graia*, creta Ω (sed et in ras. P), graeca iam ed. princeps, quo adiectiuo maior pars poetarum abstinuit, epici quidem omnes atque in metamorphosesin etiam Ouidius. Graia fugit litora, legit Dictaea. absurde Creta ante fugere quam litora eius legantur dicitur,

litora. tunc ausum classi praecludere portus
40 inpulit ac saeuas meritum Phycunta rapinas
sparsit, et hinc placidis alto delabitur auris
in litus, Palinure, tuum (neque enim aequore tantum
Ausonio monimenta tenes, portusque quietos
testatur Libye Phrygio placuisse magistro),
45 cum procul ex alto tendentes uela carinae
ancipites tenuere animos, sociosne malorum
an ueherent hostes : praeceps facit omne timendum
uictor, et in nulla non creditur esse carina.
ast illae puppes luctus planctusque ferebant
50 et mala uel duri lacrimas motura Catonis.
   nam, postquam frustra precibus Cornelia nautas
priuignique fugam tenuit, ne forte repulsus
litoribus Phariis remearet in aequora truncus,
ostenditque rogum non iusti flamma sepulchri,
55 ' ergo indigna fui,' dixit ' Fortuna, marito
accendisse rogum gelidosque effusa per artus
incubuisse uiro, laceros exurere crines
membraque dispersi pelago conponere Magni,
uolneribus cunctis largos infundere fletus,
60 ossibus et tepida uestes inplere fauilla,
quidquid ab exstincto licuisset tollere busto
in templis sparsura deum. sine funeris ullo
ardet honore rogus ; manus hoc Aegyptia forsan
obtulit officium graue manibus. o bene nudi
65 Crassorum cineres : Pompeio contigit ignis

neque in breui narratione bis eam et uariato nomine appellari consentaneum
erat ; molestissime autem bis mutatur subiectum sententiae. horum uitiorum
partem tantum tollunt coniecturae, Guieti *subit*, Schraderi *Barcaea*
40 rapinas ZMG Prisc. G.L.K. II p. 396, **ruinas PUV** **41** *sparsit*, disiecit,
Sen. Tro. 230 *sparsae tot urbes turbinis uasti modo* **43** om. P **51** '*frustra*,
quoniam non euenit ut corpus ad eos aestu referretur ' **c** : Farnabii aliorumque
interpretationem ' frustra laborabat retinere ' tempus uerbi excludit **52**
repulsus Ω, reuulsus PU **54** iusti Ωa, iussi P, uisi V non male, sed uide
1091 **64** *o bene nudi*, o bene factum quod ¦nudi sunt : 1058 sq. *o bene
rapta | arbitrio mors ista tuo*, I 248 *o male uicinis haec moenia condita Gallis*.
haec non editorum sed lexicographorum in usum adnoto, cum thesauro ling.
Lat. II p. 2126 27 hoc *bene* interpretetur *ualde*, quod unum est ex multis

R

inuidia maiore deum. similisne malorum
sors mihi semper erit ? numquam dare iusta licebit
coniugibus ? numquam plenas plangemus ad urnas ?
quid porro tumulis opus est aut ulla requiris
70　instrumenta, dolor ? non toto in pectore portas,
inpia, Pompeium ? non imis haeret imago
uisceribus ? quaerat cineres uictura superstes.
nunc tamen, hinc longe qui fulget luce maligna,
ignis adhuc aliquid Phario de litore surgens
75　ostendit mihi, Magne, tui. iam flamma resedit,
Pompeiumque ferens uanescit solis ad ortus
fumus, et inuisi tendunt mihi carbasa uenti.
83　linquere, siqua fides, Pelusia litora nolo.
78　non mihi nunc tellus Pompeio siqua triumphos
uicta dedit, non alta terens Capitolia currus
80　gratior ; elapsus felix de pectore Magnus :
hunc uolumus quem Nilus habet, terraeque nocenti
non haerere queror ; crimen commendat harenas.
84　tu pete bellorum casus et signa per orbem,
Sexte, paterna moue ; namque haec mandata reliquit
Pompeius uobis in nostra condita cura :

nec leuibus sub illa uoce erratis　66 *inuidia* ut I 82-4 *nec gentibus ullis* | *commodat in populum terrae pelagique potentem* | *inuidiam Fortuna suam* : di Pompeium cremari patiendo magis inuidos se praebuerunt : uide VIII 761 sq. *si funere nullo* | *tristior iste rogus*, 793-5 *sepulcrum* . . . *Pompei, quo condi maluit illum* | *quam terra caruisse socer*. recte cepit Farnabius ; contra **a** 'de hoc dis maior debet fieri inuidia, quod talem tumulum Pompeius accepit', quo sensu habetur *deorum inuidia* IV 243 sq., atque ita plures, quasi id nunc agatur. Franckenius etiam peius ineptit　67 **iusta Ωa, busta V**, ut Stat. silu. III 2 142 *dederim quae busta Pelasgis* ; sed praestat alterum　69 '*ἐπιδιόρθωσισ*' **c** : de *porro* uide Maduigium ad Cic. de fin. II 25　73 **hinc MU, hin Z, hic PGV**　76 *solis ad ortus*, 'incipiente sole' **a**, uentum enim Eurum fuisse ostendunt 113 et 117-9　83 inter **77** et **78** collocant ⟨ ibique interpretatur **a**, post **79** ponunt **PU**, post **82 V**, om. **ZMG**. uersus, quo explicatur *inuisi* 77, hic paene necessarius est, eo enim absente *gratior* comparatiuum 80 quo spectet parum apparet, ut duo codices post 79 commenticium inseruerint uersiculum *quam manet Aegyptus, quae Magni possidet artus*, Cortius pro *non mihi nunc* 78 nouauerit *hac mihi non*. suspicor scribam **a** 77 *uenti* ad 81 *-enti* delapsum ad *non* 82 perrexisse ac deinde ad *non* 78 reuersum subiecisse *mihi nunc* etc. ; quamquam casu uersus excidere potuit, ut ex **P** 43, ex **Z** 35　*siqua fides*, 'difficile enim creditur, quod mulier solum hostile non timeat' **a** : uide II

" me cum fatalis leto damnauerit hora,
excipite, o nati, bellum ciuile, nec umquam,
dum terris aliquis nostra de stirpe manebit,
90 Caesaribus regnare uacet. uel sceptra uel urbes
libertate sua ualidas inpellite fama
nominis : has uobis partes, haec arma relinquo.
inueniet classes quisquis Pompeius in undas
uenerit, et noster nullis non gentibus heres
95 bella dabit : tantum indomitos memoresque paterni
iuris habete animos. uni parere decebit,
si faciet partes pro libertate, Catoni."
exsolui tibi, Magne, fidem, mandata peregi ;
insidiae ualuere tuae, deceptaque uixi
100 ne mihi commissas auferrem perfida uoces.
iam nunc te per inane chaos, per Tartara, coniunx,
si sunt ulla, sequar, quam longo tradita leto
incertum est : poenas animae uiuacis ab ipsa
ante feram. potuit cernens tua funera, Magne,
105 non fugere in mortem : planctu contusa peribit,
effluet in lacrimas : numquam ueniemus ad enses
aut laqueos aut praecipites per inania iactus :
turpe mori post te solo non posse dolore.'
sic ubi fata, caput ferali obduxit amictu

550 sq. *siqua fides, his te quoque iungere, Caesar,* | *inuideo*   87 habent **GV**, om. Ω ob homoeoteleuton, uersum si non plane necessarium at certe aptissimum   89 **aliquis** Ω, aliquid haud male Z eiusque geminus cod. Par. 10403 saec. IX, quibus quod non tertius accedit **M** quartusque Hosius, id eo fit quia Montepessulanus post 85 non amplius ex communi trium librorum archeptypo deriuatus est sed ad eandem ac **P** originem redit   99 100 om. **MP**, 100 etiam **Z** ; priorem interpretatur **c**, utrumque **a**   102 *longo*, longinquo ; nam eis qui *leto* enarrant *uitae mortis simili* obstat *ante* 104   104 **potuit GZ**², quod interpretatur **a**, 'ab anima mea exigam poenas, quae, te cum perire conspiceret, non mox fugit in mortem', **potui** Ω, quod praeter Hosium nemo ferri posse iudicauit, ut deliquisse Cornelia, non anima, dicatur, poenas autem datura esse quae non deliquerit, quae deliquerit sumptura.   neque tam homini quam animae conuenit *fugere*. ceterum ne in illo *cernens* haereas uide physiognom. II p. 17 ed. Foerst. *hos enim* (oculos) *tamquam fores animae uideri uolunt, nam et animam dicunt per oculos emicare et* etc.   **funera** Ω, **uulnera ZG**   105 in a scribendum est cum paucioribus libris 'sic cruciabitur ut *macerata*' hoc est *planctu contusa* 'lacrimisque consumpta adceleret mihi fata tardantia', non

Lucan *De bello civili* IX

110 decreuitque pati tenebras puppisque cauernis
delituit, saeuumque arte conplexa dolorem
perfruitur lacrimis et amat pro coniuge luctum.
illam non fluctus stridensque rudentibus Eurus
mouit et exurgens ad summa pericula clamor,
115 uotaque sollicitis faciens contraria nautis
conposita in mortem iacuit fauitque procellis.
prima ratem Cypros spumantibus accipit undis ;
inde tenens pelagus, sed iam moderatior, Eurus
in Libycas egit sedes et castra Catonis.
120 tristis, ut in multo mens est praesaga timore,
aspexit patrios comites a litore Magnus
et fratrem ; medias praeceps tunc fertur in undas.
' dic ubi sit, germane, parens ; stat summa caputque
orbis, an occidimus Romanaque Magnus ad umbras
125 abstulit ? ' haec fatur ; quem contra talia frater :
' o felix, quem sors alias dispersit in oras
quique nefas audis : oculos, germane, nocentis
spectato genitore fero. non Caesaris armis
occubuit dignoque perit auctore ruinae :
130 rege sub inpuro Nilotica rura tenente,
hospitii fretus superis et munere tanto
in proauos, cecidit donati uictima regni.
uidi ego magnanimi lacerantes pectora patris,
nec credens Pharium tantum potuisse tyrannum
135 litore Niliaco socerum iam stare putaui.

maerore   111 **arte ZGU,** 'pro *ualde*' c, alte **MPV, ante C**   118 *tenens,*
sicut *moderatior,* respicit ad 113 : uide v 413 sq. *fortius hiberni flatus caelumque*
fretumque, | *cum cepere, tenent.*   dico propter Farnabium Burmannum Weisium
125 **quem contra** Ω, **contra quem G** ut Verg. Aen. ix 280 *contra quem talia*
fatur. de uerborum collocatione ambigua uide Cic. ad Att. x 8 8 *quos contra*
me senatus . . . armauit (contra quos me armauit) quaeque ad Man. i 245
adnotaui : adde Luc. v 595 sq. *fragilemque super uolitantia malum | uela tulit*
(tulit uela uolitantia super malum), etiam, quod ambiguum non est, vi 792
pias inter gaudentem uidimus umbras   130 **rura GZ²,** **regna** Ω, quod quamquam ne praecedente quidem *rege* et sequente *regni* omnino ferri nequit, recte
alterum praetulerunt   131 **hospitii MPc,** -**iis** ΩC, cum adhaesisset *f,* ut Liu.
xxii 7 13 *sospitis filio* pro *sospiti* : Bentleius attulit vii 168 *quos scelerum*
superos et Ouid. met. v 45 *hospitii . . . deos.*   frustra Omnibonus aliique
hospitiis superis interpretantur *superioribus*   140 **sceleris** ΩC, **-ri Z** : uide

Lucan *De bello civili* IX

       sed me nec sanguis nec tantum uolnera nostri
       adfecere senis, quantum gestata per urbem
       ora ducis, quae transfixo sublimia pilo
       uidimus : haec fama est oculis uictoris iniqui
140 seruari, scelerisque fidem quaesisse tyrannum.
       nam corpus Phariaene canes auidaeque uolucres
       distulerint, an furtiuus, quem uidimus, ignis
       soluerit, ignoro. quaecumque iniuria fati
       abstulit hos artus, superis haec crimina dono :
145 seruata de parte queror.' cum talia Magnus
       audisset, non in gemitus lacrimasque dolorem
       effudit, iustaque furens pietate profatur
       ' praecipitate rates e sicco litore, nautae ;
       classis in aduersos erumpat remige uentos.
150 ite, duces, mecum (nusquam ciuilibus armis
       tanta fuit merces) inhumatos condere manes,
       sanguine semiuiri Magnum satiare tyranni.
       non ego Pellaeas arces adytisque retectum
       corpus Alexandri pigra Mareotide mergam ?
155 non mihi pyramidum tumulis euolsus Amasis
       atque alii reges Nilo torrente natabunt ?
       omnia dent poenas nudo tibi, Magne, sepulchra.
       euoluam busto iam numen gentibus Isim
       et tectum lino spargam per uolgus Osirim
160 [et sacer in Magni cineres mactabitur Apis]
       suppositisque deis uram caput. has mihi poenas
       terra dabit : linquam uacuos cultoribus agros,
       nec, Nilus cui crescat, erit ; solusque tenebis
       Aegypton, genitor, populis superisque fugatis.'

VIII 688   141 que Z, ne ΩC ob *Phariaene*, quod recipere litterarum expertis est   150 151 dist. Guietus   150 **nusquam** Ω, **numquam ZV** : nihil interest   155 **tumulis GV**, ' pyramidum sepulcris ' c, -us C, **cumulis** Ω   156 **reg-nil-** Ω, **nil- reg- G**   160 post 159 ZG, ante Ω, refragantibus et Lactantio, qui inst. diu. I 21 21 uersus 158 et 159 coniunctos exhibet, et c, in quo coniuncti adferuntur 160 et 161. sed recte Bentleius subdititium uersiculum ex margine illatum deleuit, quo interposito distrahuntur uersus et oratione et sententia cohaerentes 158 sq. et 161, praueque in illo *Magni* deseritur apostrophe uersu 157 instituta   161 'lignea (linea *cod.*) enim habuerunt simulacra' c, quam

165 dixerat, et classem saeuus rapiebat in undas ;
sed Cato laudatam iuuenis conpescuit iram.
interea totis audito funere Magni
litoribus sonuit percussus planctibus aether,
exemploque carens et nulli cognitus aeuo
170 luctus erat, mortem populos deflere potentis.
sed magis, ut uisa est lacrimis exhausta, solutas
in uoltus effusa comas, Cornelia puppe
egrediens, rursus geminato uerbere plangunt.
ut primum in sociae peruenit litora terrae,
175 collegit uestes miserique insignia Magni
armaque et inpressas auro, quas gesserat olim,
exuuias pictasque togas, uelamina summo
ter conspecta Ioui, funestoque intulit igni.
ille fuit miserae Magni cinis. accipit omnis
180 exemplum pietas, et toto litore busta
surgunt Thessalicis reddentia manibus ignem.
sic, ubi depastis summittere gramina campis
et renouare parans hibernas Apulus herbas
igne fouet terras, simul et Garganus et arua
185 Volturis et calidi lucent buceta Matini.
non tamen ad Magni peruenit gratius umbras
omne quod in superos audet conuicia uolgus
Pompeiumque deis obicit, quam pauca Catonis
uerba sed a pleno uenientia pectore ueri.
190 ' ciuis obit ' inquit ' multum maioribus inpar
nosse modum iuris, sed in hoc tamen utilis aeuo,
cui non ulla fuit iusti reuerentia ; salua
libertate potens, et solus plebe parata
priuatus seruire sibi, rectorque senatus,

adnotationem Vsenerus perperam ad 159 rettulit   165 saeuus V, -as Ω
166 *laudatam* expl. a   175 miseri ZGV, misit -MP(U)   179 'inanis (ianis
cod.) rogus' c, quae uerba ad *ille* explicandum pertinent   191 *modum iuris*,
'modum potestatis suae' a ; sed rectius Claudianus accipere uidetur nupt. Hon.
313 sq. *quis iuris et aequi* | *nosse modum melior?*   192 ulla Z, quod quamuis
praue enarrat a, nulla Ω, quod, si *cui* ad Pompeium refertur, explicationem
recipit (uide Oudendorpium) probaruntque Gronouius Heinsius Cortius ; sed
requiritur potius quod aeui, in quo ille utilis fuerit, proprium sit   *fuit*, non

195 sed regnantis, erat. nil belli iure poposcit,
quaeque dari uoluit uoluit sibi posse negari.
inmodicas possedit opes, sed plura retentis
intulit. inuasit ferrum, sed ponere norat.
praetulit arma togae, sed pacem armatus amauit.
200 iuuit sumpta ducem, iuuit dimissa potestas.
casta domus luxuque carens corruptaque numquam
fortuna domini. clarum et uenerabile nomen
gentibus et multum nostrae quod proderat urbi.
olim uera fides Sulla Marioque receptis
205 libertatis obit : Pompeio rebus adempto
nunc et ficta perit. non iam regnare pudebit,
nec color imperii nec frons erit ulla senatus.
o felix, cui summa dies fuit obuia uicto
et cui quaerendos Pharium scelus obtulit enses.
210 forsitan in soceri potuisses uiuere regno.
scire mori sors prima uiris, set proxima cogi.
et mihi, si fatis aliena in iura uenimus,
fac talem, Fortuna, Iubam ; non deprecor hosti
seruari, dum me seruet ceruice recisa.'
215 uocibus his maior, quam si Romana sonarent
rostra ducis laudes, generosam uenit ad umbram
mortis honos. fremit interea discordia uolgi,
castrorum bellique piget post funera Magni ;
cum Tarcondimotus linquendi signa Catonis
220 sustulit. hunc rapta fugientem classe secutus
litus in extremum tali Cato uoce notauit :

est, quia morte Pompei ulteriora iu disceptationem non ueniunt   201 202
numquam . . . uenerabile om. Z   207 *color imperii*, species uel ficta
imperatorii iuris, ut potestas esse uideatur quod regnum est : Quint. inst.
XI 1 49 *sollicitudinis colorem*, Frontin. aqu. 105 *ignorantiae colore*, Luc. v 389
sq. *nomen inane* | *imperii*   *frons*, praetextum ; non sumetur obtentui senatus
auctoritas : Sen. dial. XII 5 6 *inania et specioso ac deceptorio fuco circumlita*, . . .
intra nihil habentia fronti suae simile, Tac. hist. II 54 *publici consilii facie
discessum Mutina*. '*frons senatus* est, si, cum ipse imperet, senatus nomen
apponat' a : reliquorum interpretum qui non tacent ita uersum enarrant quasi
proxime praecedentes non legerint   211 **sed** ΩC, **et GU**   213 **fac** Ω, **da G** ;
fatalem et **da similem a**   217 218 dist. Oudendorpius, Grotius *castrorum* ad
superiora traxerat   219 **tarcon dimotus** ZM(P), **tarchon motus** GU(V) ;

'o numquam pacate Cilix, iterumne rapinas
uadis in aequoreas ? Magnum fortuna remouit,
iam pelago pirata redis.' tum respicit omnis
225 in coetu motuque uiros ; quorum unus aperta
mente fugae tali conpellat uoce regentem :
' nos, Cato, da ueniam, Pompei duxit in arma,
non belli ciuilis amor, partesque fauore
fecimus. ille iacet quem paci praetulit orbis,
230 causaque nostra perit : patrios permitte penates
desertamque domum dulcesque reuisere natos.
nam quis erit finis si nec Pharsalia pugnae
nec Pompeius erit ? perierunt tempora uitae,
mors eat in tutum ; iustas sibi nostra senectus
235 prospiciat flammas : bellum ciuile sepulchra
uix ducibus praestare potest. non barbara uictos
regna manent, non Armenium mihi saeua minatur
aut Scythicum fortuna iugum : sub iura togati
ciuis eo. quisquis Magno uiuente secundus,
240 hic mihi primus erit. sacris praestabitur umbris
summus honor ; dominum, quam clades cogit, habebo,
nullum, Magne, ducem : te solum in bella secutus
post te fata sequar ; nec enim sperare secunda
fas mihi nec liceat. fortuna cuncta tenentur
245 Caesaris, Emathium sparsit uictoria ferrum ;
clausa fides miseris, et toto solus in orbe est

nomen agnouerunt a et Vinetus ad Flor. IV 2 (II 13 5)   **224 redis ZGV, -it
MU** (ut 210 *potuisset* G), **-di P**   **228 fauore GUVca, -ri MP, -rem Z.**   'ideo,
inquit, in partes fuimus, quoniam Pompeio fauebamus' c, quod non mutandum
esse docere potuit Prop. III 9 60 *ferar in partes ipse fuisse tuas*   **232 233**
pugnae ad *finis* ac uicissim *finis* ad *pugnae* audiendum est, non cum Grotio et
plerisque hyperbaton statuendum et uirgulis saepiendum *pugnae* ; rectius ed.
Gryph. 1561 et Hosius.   uide v 680 ibique adnotata : eiusdem sunt generis
Ouid. trist. v 12 47 sq. *utque dedit iustas tauri fabricator aeni* | *sic ego do
poenas artibus ipse meis* quaeque praeterea ad Man. I 269 attuli, qualia
Lucanus habet VI 639, VII 397, IX 924, 958 sq., 1080 sq.   **238** *togati*, gentis
togatae, Romani ; neque enim tum Caesar toga amictus erat   **240** pro *hic*
Heinsius *nunc*, fortasse *hinc*   **241 242** dist. Grotius, male cum a Sabellicus
habebo. | *nullum* . . . *ducem, te* etc., quo pacto u. 243 requiri, quod dederunt
ʒ, *post tua fata*, Bentleius sensit   **241 cogit GUV, -et MPC** et corr. ex
cocyt Z, non recte, *clades* enim Pharsalica est   **246** *clausa*, angustata ;

qui uelit ac possit uictis praestare salutem.
Pompeio scelus est bellum ciuile perempto,
quo fuerat uiuente fides. si publica iura,
250 si semper sequeris patriam, Cato, signa petamus
Romanus quae consul habet.' sic ille profatus
insiluit puppi iuuenum comitante tumultu.
actum Romanis fuerat de rebus, et omnis
indiga seruitii feruebat litore plebes :
255 erupere ducis sacro de pectore uoces.
' ergo pari uoto gessisti bella, iuuentus,
tu quoque pro dominis, et Pompeiana fuisti
non Romana manus ? quod non in regna laboras,
quod tibi, non ducibus, uiuis morerisque, quod orbem
260 adquiris nulli, quod iam tibi uincere tutum est,
bella fugis quaerisque iugum ceruice uacanti
et nescis sine rege pati. nunc causa pericli
digna uiris. potuit uestro Pompeius abuti
sanguine : nunc patriae iugulos ensesque negatis,
265 cum prope libertas ? unum fortuna reliquit
iam tribus e dominis. pudeat : plus regia Nili
contulit in leges et Parthi militis arcus.
ite, o degeneres, Ptolemaei munus et arma

praeter Caesarem nemo est ad cuius fidem atque praesidium confugiamus
250 sequ- pat- Ω, pat- sequ- ZG fortasse melius **petamus ZG, sequamur**
Ω ob *sequeris*   **253 254** habent **UV**, om. Ω propter homoearchon, sicut
eandem ob causam 256 Z. post *actum fuerat* pro usitata orationis forma *nisi
erupissent* supponitur *erupere*, ut III 597 sqq. *hic Latiae rostro conpagem ruperat
alni, | pila sed in medium uenere trementia pectus, | auertitque ratem morientis
dextra magistri,* x 39–41 *isset in occasus* . . . *Nilumque a fonte bibisset: |
occurrit suprema dies*   **254 plebes UV, pubes** cod. Laur. S. Crucis saec. XI,
quae uox et illis *iuuenum* 252, *iuuentus* 256 accommodata est et in *plebes*
mutata Stat. Theb. I 619, Iuu. VIII 256. altera fortasse cum contemptu ponitur ;
quamquam non debebant adferri VI 144 et VII 760   **256** *pari*, 'eodem quo
Caesariani' Grotius, 'eodem inter uos' Bentleius   **260** *tibi tutum*, non *tibi
uincere*, ut inepte Franckenius : Pompeio superstite uincentibus uictoria
dominum impositura erat. quae **a** habet, 'nam hactenus non tibi uixisti sed
ducibus', ea, nequis forte *uicisti* scribi uelit, pertinent ad 259 *tibi, non ducibus,
uiuis*   **263** Pompeio permisistis ut sanguine uestro quantum uellet uteretur :
uulgo nec *potuit* nec *abuti* recte intellegunt, recte a '*abuti*, ualde uti'   **268**
Ptolemaei munus idem hic ac uersu 278 significet oportet, ut cadat Bentlei
interpretatio (quamquam Cilicas esse quos Cato adfatur Franckenii somnium

Lucan De bello civili IX

spernite. quis uestras ulla putet esse nocentes
270 caede manus? credet faciles sibi terga dedisse,
credet ab Emathiis primos fugisse Philippis.
uadite securi; meruistis iudice uitam
Caesare non armis, non obsidione subacti.
o famuli turpes, domini post fata prioris
275 itis ad heredem. cur non maiora mereri
quam uitam ueniamque libet? rapiatur in undas
infelix coniunx Magni prolesque Metelli,
ducite Pompeios, Ptolemaei uincite munus.
nostra quoque inuiso quisquis feret ora tyranno
280 non parua mercede dabit : sciat ista iuuentus
ceruicis pretio bene se mea signa secutam.
quin agite et magna meritum cum caede parate :
ignauum scelus est tantum fuga.' dixit, et omnes
haud aliter medio reuocauit ab aequore puppes
285 quam, simul effetas linquunt examina ceras
atque oblita faui non miscent nexibus alas
sed sibi quaeque uolat nec iam degustat amarum
desidiosa thymum, Phrygii sonus increpat aeris,
attonitae posuere fugam studiumque laboris
290 floriferi repetunt et sparsi mellis amorem :
gaudet in Hyblaeo securus gramine pastor
diuitias seruasse casae. sic uoce Catonis
inculcata uiris iusti patientia Martis.
iamque actu belli non doctas ferre quietem
295 constituit mentes serieque agitare laborum.
primum litoreis miles lassatur harenis.
proximus in muros et moenia Cyrenarum

est, ut ante Farnabii) *arma uestra*, non Ptolemaei, quae non offerebantur : ille unum abstulerat dominum, alter quibus tolli deberet ipsi gladios habebant **269 putet** Ω, **-at Z** : uide x 315-7 et quae ad Man. iv 922 adnotaui **275** *maiora*, 'praemium' c, falso a et Weisius 'libertatem' **276 rapiatur ZGV, raptatur MPU** **280 sciat** Ω, quod expl. Oudendorpius, **sciet ZG** planius et fortasse melius, 'intellegetis' a **284-290** ordo est *haud aliter reuocauit puppes quam*, (si) *sonus increpat aeris*, (apes) *posuere fugam*, praedicatione pro protasi condicionali posita, ut Iuu. iii 100 sq. *rides, maiore cachinno | concutitur; flet, si lacrimas conspexit amici.* recte Heinsius, modo ne praeter necessitatem *increpet* ex ⟨ adsciuisset **290 floriferi UV, -peri MP, ·ferae ZG**

est labor : exclusus nulla se uindicat ira,
poenaque de uictis sola est uicisse Catoni.
300 inde peti placuit Libyci contermina Mauris
regna Iubae, sed iter mediis natura uetabat
Syrtibus : hanc audax sperat sibi cedere uirtus.
Syrtes uel, primam mundo natura figuram
cum daret, in dubio pelagi terraeque reliquit
305 (nam neque subsedit penitus, quo stagna profundi
acciperet, nec se defendit ab aequore tellus,
ambigua sed lege loci iacet inuia sedes,
aequora fracta uadis abruptaque terra profundo,
et post multa sonant proiecti litora fluctus :
310 sic male deseruit nullosque exegit in usus
hanc partem natura sui) ; uel plenior alto
olim Syrtis erat pelago penitusque natabat,
sed rapidus Titan ponto sua lumina pascens
aequora subduxit zonae uicina perustae ;
315 et nunc pontus adhuc Phoebo siccante repugnat,
mox, ubi damnosum radios admouerit aeuum,
tellus Syrtis erit ; nam iam breuis unda superne
innatat et late periturum deficit aequor.
ut primum remis actum mare propulit omne

299 de uictis Vca, deuictis Ω, -os Z   catoni Z²ca, -is ZG, -em Ω
Hosium nec sensus ueri nec peritiorum consensus prohibere potuit quin ederet
poenaque deuictis sola est uicisse Catonem, quasi a Catone potissimum uinci
poena fuerit   *poena de uictis ὑφ' ἕν*, ut VIII 430 *de qua . . . triumphis*, 512
in Magnum . . . querellae, IX 136 sq. *munere . . . in proauos*, 886 *in letum
uires*   300 libici GZ², libycis Ω propter *Mauris*, qui inepte Libyci dicuntur,
Libyis ζ, non magis probarim *Libyos*; praue etiam *Libycis . . . Mauri ζ*,
neque enim Libycis contermina fuerunt regna Iubae, sed ipsa Libyca   302
hanc ZGUa, has MPVC propter *Syrtibus*, utrumque c. illud magnificentius,
ut ait Bentleius, qui confert Sall. Iug. 76 1   303-311 distinxi ferme ut
Weisius et Franckenius : ceteri structuram orationis non curant   305-308
profundi . . . terra om. Z   309 *litora*, 'dorsa stagni, quae inter fluctus
apparebant' a ; uersum expl. Burmannus et Haskinsius   312 *pelago* pleni-
tudinis ablatiuus est, non comparationis ; nam ne hoc quidem omnes intellegunt
315 distinctionem post *repugnat* sustuli. 315-8 pars sunt alterius rationis
(311 *uel plenior* etc.) ; *nunc* autem et *mox* inter se coniunctissima sunt   319
320 *remis actum mare* (Val. Fl. II 77 *remis agitur mare*) tam recte classem
propellere (Ouid. her. VI 67 *propulsae subducitur unda carinae*) dicitur quam
remi mare agentes : *classis onus* accipio classem mare onerantem.   aliter

320 classis onus, densis fremuit niger imbribus Auster.
in sua regna furens temptatum classibus aequor
turbine defendit longeque a Syrtibus undas
egit et inlato confregit litore pontum.
tum, quarum recto deprendit carbasa malo,
325 eripuit nautis, frustraque rudentibus ausis
uela negare Noto spatium uicere carinae,
atque ultra proram tumuit sinus. omnia siquis
prouidus antemnae suffixit lintea summae,
uincitur et nudis auertitur armamentis.
330 sors melior classi quae fluctibus incidit altis
et certo iactata mari. quaecumque leuatae
arboribus caesis flatum effudere prementem,
abstulit has liber uentis contraria uoluens
aestus et obnixum uictor detrusit in Austrum.
335 has uada destituunt, atque interrupta profundo
terra ferit puppes, dubioque obnoxia fato
pars sedet una ratis, pars altera pendet in undis.
tum magis inpactis breuius mare terraque saepe
obuia consurgens : quamuis elisus ab Austro,

Oudendorpius   320 321 melius Franckenius post *Auster* quam ceteri post *furens* distinxerunt. Austri *regna* appellantur quas Horatius epod. 9 31 dicit *exercitatas Syrtis Noto* et aequor nunc classibus temptatum : 'in mare, ubi optinet potestatem' a   323 inlato et in lato Ω ; hoc c, utrumque a interpretatur. expl. Oudendorpius   324–327 expl. Oudendorpius et Weisius. *quarum* classium, id est nauium. *uicere* carbasa potius quam uela   330 331 nauibus, quas uento in septentrionem abreptas 324–9 descripsit, meliorem sortem fuisse dicit quam eis, de quibus 331–44 dicturus est   331 post 341 MP   332 prementem Z², frementem Ω. fremebat sane flatus, sed alterum multo magis proprium est et a plerisque receptum.   *effudere*, in quo Burmannus haesit, aberrauit Franckenius, recte iam Oudendorpius enarrauerat, ipse ad Man. I 335 illustraui   335 *has*, easdem, non alias, ut uult c   *uada destituunt* ut Liu. I 4 6 *cum fluitantem alueum . . . tenuis in sicco aqua destituisset*, Stat. Theb. I 687 sq. *siquos incerto litore Syrtes | destituunt* : diuerso sensu Liu. XXI 28 5   337 undis Ω, -as ZG, cum non intellegeretur *pendere* esse natare, ut VIII 754   338 inpactis Za, -um Ω(C)   breuius ZCa, breuibus Ω   magis inpactae naues breuius mare inueniunt et saepe obuiam habent terram ex aqua consurgentem. quod uulgo editur *inpactum breuibus*, quid mare breuibus magis impingere potuerit nescio, flabat enim Auster ; neque sine nauium mentione intellegitur *obuia* : adde quod sic scribentibus *saepe* mutandum et uerbum quaerendum est (*saeuit* U², *saepit* Weisius, *saeue . . . consurgit* Oudendorpius) excepto nimirum Hosio   339 *elisus* ut Verg. Aen. III 567 *spumam elisam et*

340 saepe tamen cumulos fluctus non uincit harenae.
    eminet in tergo pelagi procul omnibus aruis
    inuiolatus aqua sicci iam pulueris agger;
    stant miseri nautae, terraeque haerente carina
    litora nulla uident.   sic partem intercipit aequor,
345 pars ratium maior regimen clauumque secuta est
    tuta fuga, nautasque loci sortita peritos
    torpentem Tritonos adit inlaesa paludem.
      hanc, ut fama, deus quem toto litore pontus
    audit uentosa perflantem marmora concha,
350 hanc et Pallas amat, patrio quae uertice nata
    terrarum primam Libyen (nam proxima caelo est,
    ut probat ipse calor) tetigit, stagnique quieta
    uoltus uidit aqua posuitque in margine plantas
    et se dilecta Tritonida dixit ab unda.
355 quam iuxta Lethon tacitus praelabitur amnis,
    infernis, ut fama, trahens obliuia uenis,
    atque, insopiti quondam tutela draconis,
    Hesperidum pauper spoliatis frondibus hortus.
    inuidus, annoso qui famam derogat aeuo,
360 qui uates ad uera uocat.   fuit aurea silua
    diuitiisque graues et fuluo germine rami
    uirgineusque chorus, nitidi custodia luci,
    et numquam somno damnatus lumina serpens
    robora conplexus rutilo curuata metallo.
365 abstulit arboribus pretium nemorique laborem
    Alcides, passusque inopes sine pondere ramos

rorantia uidimus astra   341-344 expl. Oudendorpius   345 *ratium* ἀπὸ κοινοῦ positum esse intellexit a   349 **marmora** Franciscus Iunius, **murmura** ZG, **litora** ex 348 Ω, *proflantem murmura* Heinsius.   uide Verg. Aen. VI 171 *caua dum personat aequora concha*, et, ne Oudendorpium et Bentleium audias, Enn. ann. XIV ap. Gell. II 26 21 *uerrunt extemplo placidum mare marmore flauo | caeruleum* et Catull. 63 88 *marmora pelagi*   352 353 -git **stagnique** . . . **aqua posui-** om. **M**   355 **quam GUV**, **quem ZMPC**, cum *Lethon* pro accusatiuo acciperetur: uide a ad 357 'iuxta Lethum'   356 hinc hausisse potest Solinus quae Plinianis adiecit 27 54   357 358 recte Franckenius nec minus recte Haskinsius distinxit, peruerse ceteri.   uide ad III 106 sq.
357 *hortus* non *praelabitur*; nec tamen scribendum uidetur *statque*   358 **spoliatis** Ω, **-us** C¿, quod tribus editoribus placere non debuit   362 et 365-367

rettulit Argolico fulgentia poma tyranno.
his igitur depulsa locis eiectaque classis
Syrtibus haut ultra Garamantidas attigit undas,
370　sed duce Pompeio Libyae melioris in oris
mansit.　at inpatiens uirtus haerere Catonis
audet in ignotas agmen committere gentes
armorum fidens et terra cingere Syrtim.
hoc eadem suadebat hiemps quae clauserat aequor ;
375　et spes imber erat nimios metuentibus ignes,
ut neque sole uiam nec duro frigore saeuam
inde polo Libyes, hinc bruma temperet annus.
atque ingressurus steriles sic fatur harenas :
'o quibus una salus placuit mea castra secutis
380　indomita ceruice mori, conponite mentes
ad magnum uirtutis opus summosque labores.
uadimus in campos steriles exustaque mundi,
qua nimius Titan et rarae in fontibus undae,
siccaque letiferis squalent serpentibus arua.
385　durum iter ad leges patriaeque ruentis amorem.
per mediam Libyen ueniant atque inuia temptent,
siquibus in nullo positum est euadere uoto,
siquibus ire sat est.　neque enim mihi fallere quemquam
est animus tectoque metu perducere uolgus.
390　hi mihi sint comites, quos ipsa pericula ducent,

om. Z, **367** adfert Apthonius G.L.K. vi p. 38　　**368** 'latet aliquid uitii'
Cortius.　*his depulsa locis*, cum loca necessario ea dicantur quae 348–367
descripta sunt, sententiae aduersatur, quoniam et ablatiuus et datiuus cum
depellendi uerbo coniunctus separationis index est ; ut sic uerba accipienda
sint, *his locis* (id est *hic*) *Syrtibus depulsa eiectaque*, quod non facile fit.　quare
a poeta scriptum suspicor *hos igitur depulsa locos*, idque ob insolitam con-
structionem mutatum.　Tac. hist. iii 42 *Fabius Valens e sinu Pisano segnitia
maris aut aduersante uento portum Herculis Monoeci depellitur* : Lucanus non
solum *feror Libyen* et *patres elicit Epirum* habet sed vii 477 *aethera tendit*
375 om.　Z　　**377 temperet MGU**, -at ZV, uers. om. P　　**379 castra ZGC,
signa** Ω, fortasse ob 281, ii 531, x 10 ; eadem uarietas i 381 et ii 519
secutis Ω, **-os MP** nihilo deterius　　**384** om. P　　**385** dist. Oudendorpius,
post *iter* Grotius　　**amorem** Ωa, -re c cum confusa interpretatione, idem coni.
Burmannus, qui uerba interpungendo male distraxit, male coniunxit
ad leges, ad liberam ciuitatem reciperandam.　*ad patriae amorem* merendum :
genetiui quae uis esset Franckenius agnouit　　**386** om.　Z　　**390 ducent** Ω,

qui me teste pati uel quae tristissima pulchrum
Romanumque putant. at, qui sponsore salutis
miles eget capiturque animae dulcedine, uadat
ad dominum meliore uia. dum primus harenas
395 ingrediar primusque gradus in puluere ponam,
me calor aetherius feriat, mihi plena ueneno
occurrat serpens, fatoque pericula uestra
praetemptate meo. sitiat quicumque bibentem
uiderit, aut umbras nemorum quicumque petentem
400 aestuet, aut equitem peditum praecedere turmas
deficiat : siquo fuerit discrimine notum
dux an miles eam. serpens, sitis, ardor harenae
dulcia uirtuti ; gaudet patientia duris ;
laetius est, quotiens magno sibi constat, honestum.
405 sola potest Libye turba praestare malorum
ut deceat fugisse uiros.' sic ille pauentis
incendit uirtute animos et amore laborum,
inreducemque uiam deserto limite carpit ;
et sacrum paruo nomen clausura sepulchro
410 inuasit Libye securi fata Catonis.
tertia pars rerum Libye, si credere famae
cuncta uelis ; at, si uentos caelumque sequaris,
pars erit Europae. nec enim plus litora Nili
quam Scythicus Tanais primis a Gadibus absunt,
415 unde Europa fugit Libyen et litora flexu

-unt Gc, durant (et sunt) C   392 'ille autem, qui, ut eat (ea *codd.*), uult sibi uitam ante promitti, eat meliore uia [id est] ad dominum, id est ad Caesarem' a   395 post 396 Z   399 post 429 P   401 discrimine ZGV, sub crimine MPU   405 turba Z et in parte codicum a, -am GUV, tubam MP. *turbam qui recipiunt nullo iure tantam intellegunt*   406 pauentes Z(U), calentis Ω, quod respuit sententia ; satis apte Bentleius *tepentes*, non apte *cadentes* ζ, nam etsi translato uerbo cadere animi dicuntur, ut Verg. Aen. III 260, cadentes erigimus, non incendimus   412 *uentos*, cardines   *caelum*, Varr. l. L. v 31 *diuisa est . . . caeli regionibus terra*   413 *pars Europae*, geogr. Gr. min. Muell. II p. 495 οἱ . . . παλαιοὶ τήν τε Λιβύην καὶ τὴν Εὐρώπην, ὥσπερ μίαν οὖσαν, συναμφοτέρασ ἐκάλουν ἐνὶ καὶ μόνῳ τῷ τῆσ Εὐρώπησ ὀνόματι, geogr. Lat. min. Ries. pp. 71 sq. *duas tantum partes accipiendas suadent, id est Asiam et Europam tantummodo, Africam uero censent Europae finibus deputandam*, Sall. Iug. 17 3 *Africam in Europa*, Oros. I 2 1 *Africam in Europam accipiendam*. longe aliam rationem significat, quem frustra aduocant, Varro l. L. v 31 et r. r.

Oceano fecere locum ; sed maior in unam
orbis abit Asiam. nam, cum communiter istae
effundant Zephyrum, Boreae latus illa sinistrum
contingens dextrumque Noti discedit in ortus
420 Eurum sola tenens. Libycae quod fertile terraest
uergit in occasus ; sed et haec non fontibus ullis
soluitur : Arctoos raris Aquilonibus imbres
accipit et nostris reficit sua rura serenis.
in nullas uitiatur opes ; non aere nec auro
425 excoquitur, nullo glaebarum crimine pura
et penitus terra est. tantum Maurusia genti
robora diuitiae, quarum non nouerat usum,
sed citri contenta comis uiuebat et umbra.
in nemus ignotum nostrae uenere secures,
430 extremoque epulas mensasque petimus ab orbe.
at, quaecumque uagam Syrtim conplectitur ora
sub nimio proiecta die, uicina perusti

1 2 3 sq., qua Libya non Europae uerum Asiae pars fit   **417 abit GUVa, obit
ZMP   420 lybicae U²V², libyae Ω   terrae est GU, terra est Ω**   qui
poeta in VI 788 *Libycis* . . . *terris*, IV 658 et 791 *Libyca tellure*, ubi salua
gratia orationis *Libyae* scribere potuit, tamen noluit, eumne hoc uersu
genetiuum genetiuo cumulasse credimus ?   **421** pro *haec* Bentleius *hoc*, quod
quamquam rectius est, tamen *haec* (terra) pro *haec pars terrae* accipi posse puto
424 nec UV, neque Ω. nullo alio loco plures libri *neque* quam *nec* in hac
uersus sede exhibent. ceterum plena sunt errorum quae Trampius Luc. art.
metr. p. 21 et Fortmannus quaest. in Luc. metr. pp. 22 sq. scripserunt ; quamquam Trampio, cuius dissertatio anno 1884 prodiit, parata uenia est   *non
aere* etc., non ob aes aut aurum ignis terrae adhibetur   **425 pura ZG, diues
UV, diu P** et **dira** supra scripto **M**. optime coeunt *nullo glaebarum crimine
diues* (etsi frustra comparatur diuersissima sententia Sil. III 673 *dites sine
uomere glaebas*), neque multum obstat quod *diuitiae* habetur 427 ; sed *pura*
ab illis *penitus terra* commendationem accipit. ne *dira* quidem, unde facillime
explicantur ceterae lectiones, non potest defendi   **427** pro *quarum* ᶑ et
Bentleius *quorum*, coniectura ut non necessaria ita minime mala et fortasse
uera   **428 umbra ZV, -is GU** propter *comis*, **austro (M)P, aura** (quae uox in
umbra mutata est I 579) Bentleius, hoc est odore ; quae si uera est coniectura,
Lucanus ex eis est quos citrum cum malo Medica confundentes Appuleium
erroris arguisse refert Seruius georg. II 126   **430 petimus ab ZC, petemus ab
MPU** Aldhelm. de metr. 9 (mon. Germ. antiqu. XV p. 79), **petiuimus GV**, qui
duo libri ceteris magis interpolati sunt. uide VIII 321. nec *petimus* nec
petiuimus praeterea apud poetas reperitur   *epulas mensasque*: ut epulas
(uelut aues Numidicas), ita quibus imponantur mensas ; neque enim aut citri
fructu aut malo Medico uescebantur   **432 perusti GUV, -is Z, -ae MP**

Lucan *De bello civili* IX

aetheris, exurit messes et puluere Bacchum
enecat et nulla putris radice tenetur.
435 temperies uitalis abest, et nulla sub illa
cura Iouis terra est ; natura deside torpet
orbis et inmotis annum non sentit harenis.
hoc tam segne solum raras tamen exerit herbas,
quas Nasamon, gens dura, legit, qui proxima ponto
440 nudus rura tenet ; quem mundi barbara damnis
Syrtis alit. nam litoreis populator harenis
inminet et nulla portus tangente carina
nouit opes : sic cum toto commercia mundo
naufragiis Nasamones habent. hac ire Catonem
445 dura iubet uirtus. illic secura iuuentus
uentorum nullasque timens tellure procellas
aequoreos est passa metus. nam litore sicco,
quam pelago, Syrtis uiolentius excipit Austrum,
et terrae magis ille nocens. non montibus ortum
450 aduersis frangit Libye scopulisque repulsum
dissipat et liquidas e turbine soluit in auras,
nec ruit in siluas annosaque robora torquens
lassatur : patet omne solum, liberque meatu
Aeoliam rabiem totis exercet harenis,
455 et non imbriferam contorto puluere nubem
in flexum uiolentus agit : pars plurima terrae
tollitur et numquam resoluto uertice pendet.

435 *sub* idem fere est atque *in*, ut x 66 *Leucadio . . . sub gurgite*, Ouid. trist.
I 3 19 *Libycis . . . sub oris*, Man. III 338 *sub tali regione*   437 *inmotis*,
'*inaratis*' **a** : uide VII 861 *nec terram quisquam mouisset arator*   446 **tellure**
Ω, **sentire V**   **448 excipit MPU**, accipit ZGVa   449 **nocens** Ω, -et G (idem
interpolate illum pro *ortum*) et editorum plures, quasi parum recte adiectiuum
sine *est* ponatur aut haec magis inaequalia sint quam *Iouis omnia plena, ille
colit terras   ortum* Austrum : Mel. I 39 (in Cyrenaica prouincia) *rupes
quaedam Austro sacra. haec cum hominum manu attingitur, ille inmodicus
exurgit harenasque quasi maria agens sic saeuit ut fluctibus*, Plin. n.h. II 115,
Sall. Iug. 79 6 *ubi . . . uentus coortus harenam humo excitauit*, Hor. carm.
III 27 22 *orientis Austri*   450 **libye** Ω, -ae ZU   451 **liquidas e** Grotius,
liquida se e Z, **liquidas se** Ω, **liquido se** V   454 **harenis** Ω, **habenis Ga**
et dimidia pars editorum, quod ut defendi possit collato Sil. IV 339 *ope
cornipedis totis ferretur habenis* (nam frustra comparantur loci ubi accedunt
immissis effusis similia), tamen praestat alterum, cui conueniunt *patet*

s

regna uidet pauper Nasamon errantia uento
discussasque domos, uolitantque a culmine raptae
460 detecto Garamante casae. non altius ignis
rapta uehit ; quantumque licet consurgere fumo
et uiolare diem, tantus tenet aera puluis.
tum quoque Romanum solito uiolentior agmen
adgreditur, nullisque potest consistere miles
465 instabilis, raptis etiam quas calcat, harenis.
concuteret terras orbemque a sede moueret,
si solida Libye conpage et pondere duro
clauderet exesis Austrum scopulosa cauernis ;
sed, quia mobilibus facilis turbatur harenis,
470 nusquam luctando stabilis manet, imaque tellus
stat, quia summa fugit. galeas et scuta uirorum
pilaque contorsit uiolento spiritus actu
intentusque tulit magni per inania caeli.
illud in extrema forsan longeque remota
475 prodigium tellure fuit, delapsaque caelo
arma timent gentes hominumque erepta lacertis
a superis demissa putant. sic illa profecto
sacrifico cecidere Numae, quae lecta iuuentus
patricia ceruice mouet : spoliauerat Auster
480 aut Boreas populos ancilia nostra ferentes.
sic orbem torquente Noto Romana iuuentus

omne solum et *liber meatu* **459** *a culmine*, a parte culminis, quemadmodum dicitur *a tergo*, *a fronte*, I 59 *a Caesare* **461 licet GUV**, leget Z, libet MP, quod ab ullo editore recipi posse quis crederet ? sed omnia uincit amor codicis Montepessulani **462 tantus** Ω, -um GV, quod qui malunt, imperite faciunt: uide I 259–61 *quantum . . . rura silent, . . . tanta quies* **463** *tum solito quoque Romanum* Bentleius transpositione ne tum quidem necessaria si *quoque* illuc referas: uide Man. I 346 *tum* (id est deinde) *quoque de ponto surgit Delphinus*, Val. Fl. VI 234 *id quoque tegmen equis*, Mart. IX 8 10 *infantes te quoque, Caesar, amant* **466** ' *concuteret terras* Auster' c, quod ex *Austrum* 468 auditur: uide ad VIII 843 **467–481** om. P **471** quae a habet sic scribenda sunt : ' *summa fugit*, spargitur. ideo, quae (quem *et* quia *codd.*) subter est tellus, est firma nec titubat, quia superior uento cedens impetum eius fundit' **473** *intentus*: uide Sen. n.q. II 6 3 *intentionem aeris ostendent tibi . . . pondera per magnum spatium ablata gestante uento*, 4 *intenti spiritus opera* **477** om. Z **demissa MU, di- GV**

procubuit timuitque rapi ; constrinxit amictus
inseruitque manus terrae nec pondere solo
sed nisu iacuit, uix sic inmobilis Austro ;
485 qui super ingentis cumulos inuoluit harenae
atque operit tellure uiros. uix tollere miles
membra ualet multo congestu pulueris haerens.
alligat et stantis adfusae magnus harenae
agger, et inmoti terra surgente tenentur.
490 saxa tulit penitus discussis proruta muris
effuditque procul,miranda sorte malorum
qui nullas uidere domos uidere ruinas.
iamque iter omne latet nec sunt discrimina terrae :
[ulla nisi aetheriae medio uelut aequore flammae]
495 sideribus nouere uiam ; nec sidera tota
ostendit Libycae finitor circulus orae,
multaque deuexo terrarum margine celat.
utque calor soluit quem torserat aera uentus,
incensusque dies, manant sudoribus artus,
500 arent ora siti. conspecta est parua maligna
unda procul uena, quam uix e puluere miles

482 timuit Ω, metuens G et praeter Hosium editores concinnitatis causa, quae
ne periret, grauius post *rapi* interpunxi   485-487 om. MP ob homoeoteleuton
485 cumulos ZGU, tumulos V   487 haerens GV, harenis Z(U), hic etiam
puluis   490-492 Bentleio suspecti, 492 legerunt ca. hic positi cohaerentia
diuellunt, nec subiectum sententiae nisi e longinquo peti potest ; neque multo
melius post 480 collocarentur. ipsi per se Lucano digni sunt ; nam Bentleio
interroganti 'qui muri ?' facile respondetur responditque Weisius, neque
interrogatum oportuit ab eo qui 492 legisset   490 *tulit penitus*, longe, ut Cic.
ap. Seru. buc. I 57 *iam mare Tyrrhenum longe penitusque palumbes | relliquit*,
Catull. 95 5 *Zmyrna cauas Satrachi penitus mittetur ad undas*,'Ouid. met. II
178 sq. *summo despexit ab aethere terras | infelix Phaethon penitus penitusque
patentis*   491 miranda ZGV, miseranda MPU   494 om. Ω, habent GZ²,
Cortio suspectum del. Bentleius, insertum ab aliquo qui quam apte 493 et 495
coirent non sensit. neque terrae discrimina faciebant stellae   495 *sideribus
nouere uiam*, Plin. n.h. v 26, Solin. 27 38, Sil. III 662-5, adde Arrian. anab.
III 3 4 ; idem de Bactria narrat Curtius VII 4 28   *tota* : plura Libya quam
Italia sidera uidet, sed illa quibus ducibus nautae utebantur non˜semper tota.
in c quod recte scriptum est 'ὁρίζων contingit cardinem septentrionalem'
corrupit Vsenerus negationem inserendo   497 om. V, neque eo opus est ;
legerunt ca.   498 *torserat*, 'contra solutum *tortum* posuit, nam stringitur
frigore quod calore dissoluitur' a. Verg. Aen. VIII 429 *tris imbris torti radios*,
'constricti et coacti in grandinem' Seruius   499 om. MP ob homoeoteleuton

Lucan *De bello civili* IX

  corripiens patulum galeae confudit in orbem
  porrexitque duci. squalebant puluere fauces
  cunctorum, minimumque tenens dux ipse liquoris
505 inuidiosus erat. ' mene ' inquit ' degener unum
  miles in hac turba uacuum uirtute putasti ?
  usque adeo mollis primisque caloribus inpar
  sum uisus ? quanto poena tu dignior ista es,
  qui populo sitiente bibas ! ' sic concitus ira
510 excussit galeam, suffecitque omnibus unda.
    uentum erat ad templum Libycis quod gentibus unum
  inculti Garamantes habent. stat sortiger illic
  Iuppiter, ut memorant, sed non aut fulmina uibrans
  aut similis nostro, sed tortis cornibus Hammon.
515 non illic Libycae posuerunt ditia gentes
  templa, nec Eois splendent donaria gemmis :
  quamuis Aethiopum populis Arabumque beatis
  gentibus atque Indis unus sit Iuppiter Hammon,
  pauper adhuc deus est, nullis uiolata per aeuum
520 diuitiis delubra tenens, morumque priorum
  numen Romano templum defendit ab auro.
  esse locis superos testatur silua per omnem
  sola uirens Libyen. nam quidquid puluere sicco
  separat ardentem tepida Berenicida Lepti
525 ignorat frondes : solus nemus abstulit Hammon.
  siluarum fons causa loco, qui putria terrae
  alligat et domitas unda conectit harenas.
  hic quoque nil obstat Phoebo, cum cardine summo
  stat librata dies ; truncum uix protegit arbor,
530 tam breuis in medium radiis conpellitur umbra.

  502 confudit Ω, -fundit ZP **504** minimum (Z)GU, nimium M(P)V
508 es om. ZG ceterum rectius dixisset aut *dignior qui bibas* aut *dignior ista poena, ut bibas.* non dissimilis abundantia Cic. rep. VI 15 *homines enim sunt hac lege generati, qui tuerentur illum globum,* Hor. serm. II 6 42 sq., 8 25 sq. **512 sortiger** ZMP, **corniger** G et in ras. U, **certior** V docte interpolatus : uide Mel. I 39, Arr. anab. III 3 1 illic ZV et in ras. U, **istic** G, **illis** MP
  524 heia, iuuenes, quis uestrum primus hic et 948 *Lepcis* nouat occupaturamque extremum scabiem effugit? nam mihi tenue ingenium ne ad *Menphin* quidem restituendam sufficit **526 fons** MPGa schol. Stat. Theb. VIII 201, **frons** ZUV
  528 hic Ω, **sic** ζ et fortasse Z, quod cur editores praetulerint nescio. hic est

deprensum est hunc esse locum qua circulus alti
532 solstitii medium signorum percutit orbem.
538 at tibi, quaecumque es Libyco gens igne dirempta,
in Noton umbra cadit, quae nobis exit in Arcton.
te segnis Cynosura subit, tu sicca profundo
mergi Plaustra putas, nullumque in uertice semper
sidus habes inmune mari ; procul axis uterque est,
543 et fuga signorum medio rapit omnia caelo.
533 non obliqua meant, nec Tauro Scorpios exit
rectior aut Aries donat sua tempora Librae
aut Astraea iubet lentos descendere Pisces.
par Geminis Chiron et idem, quod Carcinos ardens,
537 umidus Aegoceros nec plus Leo tollitur Vrna.
544 stabant ante fores populi quos miserat Eos
cornigerique Iouis monitu noua fata petebant ;
sed Latio cessere duci, comitesque Catonem
orant exploret Libycum memorata per orbem
numina, de fama tam longi iudicet aeui.
maximus hortator scrutandi uoce deorum
550 euentus Labienus erat. ' sors obtulit ' inquit
' et fortuna uiae tam magni numinis ora
consiliumque dei : tanto duce possumus uti
per Syrtes, bellisque datos cognoscere casus.
nam cui crediderim superos arcana daturos
555 dicturosque magis, quam sancto, uera, Catoni?

in hac silua **531** locum Ω, pocum Z, polum Va, id est κλίμα, ut 377 **532** percutit ZGV, circumit (M)PU **533–537** et **538–543** locum inter se mutare iussit Petrus Iacobus, Hispanus (uide Palmerium ap. Oud. p. 915). scriba a *medium signorum* 532 ad *signorum medio* 543 delapsus 538–43 omisit, qui in margine additi alienam sedem occuparunt. cohaerent neque diuelli debebant quae de umbra 528 sqq. et 538 sq. dicuntur ; 533–7 post 543 collocati uera tradunt, post 532 mendacia. uide appendicem, pp. 329-33 **541 semper** Ω, **summo UV** ; iunge *semper inmune*. sub aequatore degentibus uterque uertex in horizonte est, at *hic uertex nobis semper sublimis* Verg. georg. I 242 **543** *signorum* zodiaci *medio* inter septentrionalem australemque horizontis partem **536** *Chiron* apud plerosque Centaurus australis, hic et VI 393 et Sen. Thy. 861 Sagittarius est, quae opinio significatur etiam IV 528 **537** *Vrna* pro Aquario etiam Man. II 561 **544** eos Z(GV)a, eous MPU **548** longi GUV, -gie MP, -ge Z **549** hortator GUV, -ur MP, orator Z **553** bellis MV, -li Ω

certe uita tibi semper derecta supernas
ad leges, sequerisque deum. datur, ecce, loquendi
cum Ioue libertas : inquire in fata nefandi
Caesaris et patriae uenturos excute mores.
560 iure suo populis uti legumque licebit,
an bellum ciuile perit ? tua pectora sacra
uoce reple ; durae saltem uirtutis amator
quaere quid est uirtus et posce exemplar honesti.'
ille deo plenus tacita quem mente gerebat
565 effudit dignas adytis e pectore uoces.
' quid quaeri, Labiene, iubes ? an liber in armis
occubuisse uelim potius quam regna uidere ?
an sit uita nihil sed longa an differat aetas ?
an noceat uis nulla bono fortunaque perdat
570 opposita uirtute minas, laudandaque uelle
sit satis et numquam successu crescat honestum ?
scimus, et hoc nobis non altius inseret Hammon.

556 directa ZGV, secreta (scilicet ex *decreta*) **MPUa** multo minus apte : uide Cic. Muren. 3 *M. Catoni uitam ad certam rationis normam derigenti*, Sen. dial. VIII 1 1 *exemplum eligere ad quod uitam derigamus*   **562 saltem (Z)GV(C)a, semper MPU**   **568** leuibus ac futtilibus hominum circa uerba et litteras haerentium coniecturis omissis adscribam summam eorum quae Maduigius adu. crit. II pp. 132 sq. disputauit : Catonem Labieno respondere omnia se ea, quae hominis plurimum intersit scire, iam ita tenere (decretis Stoicorum stabilita), ut nihil addere Hammon possit ; per totum autem locum eam esse orationis formam, ut per *an* interrogetur de ipso decreto Stoico ; hoc uero, nihil esse uitam, Stoicis non uideri ; illud dici debere, nihil interesse longa an breuis sit uita, ut Cic. fin. III 46 *Stoicis non uidetur optabilior nec magis expetenda beata uita, si sit longa, quam si breuis*; cohaerere illa *an . . . nihil . . . differat*, inde pendere disiunctiuam interrogationem, ad quam explendam deesse alterum uocabulum longitudini contrarium. ille igitur scripsit *an, sit uita breuis, nil, longane, differat, aetas*, qualia hyperbata habentur 555, 636 sq., I 14, III 679, V 387, idque ferme interpretatum esse dicas **a**, 'an aliquid intersit parum uixisse uel plurimum' ; sed in hac oratione aut *uita* aut *aetas* abundat, ut ex alterutro petenda uideatur, quae deest, breuitatis nota. ac Bentleius, quem idem fere quod Maduigius sensisse apparet, haec commentus est, *seu sit curta, nihil, seu (ζ) longa, an referat, aetas* ; et *curta* quidem, uocem illi *longa* uix satis apte respondentem, legisse uideri potest qui 'parum uixisse' posuit scholiastes : adde Sen. ep. 93 4 *licet aetas eius inperfecta sit, uita perfecta est*   **569 nulla ζ, ulla ΩC.** *nulla* necessarium esse uiderunt Cortius Bentleius (nam Hedickius falsum rettulit) Maduigius, cum ea quae sequuntur, *que* coniunctione adnexa, omnia a Stoicis sublata interrogatione item adfirmentur ut illud, nullam uim nocere bono   **572 hoc Ω, haec GV**

haeremus cuncti superis, temploque tacente
nil facimus non sponte dei ; nec uocibus ullis
575 numen eget, dixitque semel nascentibus auctor
quidquid scire licet.   sterilesne elegit harenas
ut caneret paucis, mersitque hoc puluere uerum,
estque dei sedes nisi terra et pontus et aer
et caelum et uirtus ?   superos quid quaerimus ultra ?
580 Iuppiter est quodcumque uides, quodcumque moueris.
sortilegis egeant dubii semperque futuris
casibus ancipites : me non oracula certum
sed mors certa facit.   pauido fortique cadendum est :
hoc satis est dixisse Iouem.'   sic ille profatus
585 seruataque fide templi discedit ab aris
non exploratum populis Hammona relinquens.
 ipse manu sua pila gerit, praecedit anheli
militis ora pedes, monstrat tolerare labores,
non iubet, et nulla uehitur ceruice supinus
590 carpentoque sedens ; somni parcissimus ipse est ;
ultimus haustor aquae quam, tandem fonte reperto,
indiga cogatur laticis spectare iuuentus,

574 facimus Ωc, **agimus V**   **576 ne elegit Vc, nec elegit C, nec legit** Ω, **neglegit Z**   dist. Oudendorpius ; *licet, steriles nec legit* Grotius et plerique, quo pacto 578 aut *estque* in *estne* aut *nisi* in *ubi* cum ⟨ mutandum esse recentiores tantum editores non senserunt   **579** om. **Z**   **580 quocumque** bis **V** contra Seru. buc. III 60 et georg. IV 221   *quodcumque moueris* ut Lucr. III 568-70 *primordia . . . mouentur* | *sensiferos motus*, Man. IV 84 (homines) *coguntur tanta moueri* : uide supra 574 *nil facimus non sponte dei*   **588 labores** Ω ut 881, **uapores V** ut IV 305, atque ita dimidia pars editorum ; sed uapores tolerare nemo iubetur   **591 quam*** distinctione mutata, **cum** ΩC propter *tandem*, quamquam passim haec permutantur, uelut VII 18 (ubi cum **G**), Verg. georg. II 226, Lucr. VI 426, Ouid. fast. IV 675, Germ. phaen. 330, Man. IV 214, Mart. VII 63 6, XII 21 8, Plaut. rud. 1340, Cic. dom. 104, fam. V 12 6, item in **a** ad 648, ubi scriptum oportuit·'*solitum torporem,* id est quem habuerant ante, cum (quam *codd.*) chaos fuit et omnia pigra iacuerunt'
592 cogatur Ωc, **conatur Z**   laticis **MPc, -es** Ω : genetiuum requirit *indiga* **spectare***, **certare Pc, portare G**, quae duo ad *pectare* redeunt, **potare ZVC** et in ras. **MU,** cui interpolationi **Z** nouam insuper addidit. sed eius lectio cum . . . *conatur* . . . *potare* a Cortio Weisioque recepta multum praestat Hosianae *cum . . . cogatur . . . certare*, in qua subiunctiuius uitiosus, cogendi uerbum ineptum est ; neque certare milites Cato passurus fuit.   Franckenium omitto.   aquam tandem repertam quamuis sitiens spectare tantum iuuentus cogitur singulis ex ordine bibentibus : IV 336 *spectat uicinos sitiens*

stat dum lixa bibat. si ueris magna paratur
fama bonis et si successu nuda remoto
595 inspicitur uirtus, quidquid laudamus in ullo
maiorum, fortuna fuit. quis Marte secundo,
quis tantum meruit populorum sanguine nomen?
hunc ego per Syrtes Libyaeque extrema triumphum
ducere maluerim, quam ter Capitolia curru
600 scandere Pompei, quam frangere colla Iugurthae.
ecce parens uerus patriae, dignissimus aris,
Roma, tuis, per quem numquam iurare pudebit
et quem, si steteris umquam ceruice soluta,
nunc, olim, factura deum es. iam spissior ignis,
605 et plaga, quam nullam superi mortalibus ultra
a medio fecere die, calcatur, et unda
rarior. inuentus mediis fons unus harenis
largus aquae, sed quem serpentum turba tenebat
uix capiente loco ; stabant in margine siccae
610 aspides, in mediis sitiebant dipsades undis.
ductor, ut aspexit perituros fonte relicto,
adloquitur. ' uana specie conterrite leti,
ne dubita, miles, tutos haurire liquores.

exercitus amnes,. Mart. II 51 5 sq.   **593–596** ellipsin expl. Weisius
**595 ullo MPU, illo ZGV   599 ter ZGV, per MPU   604 nunc MPVa, hunc
ZGU**, praue Grotius *tunc.* aduerbia a Verg. Aen. IV 627 *nunc, olim, quocumque
dabunt se tempore uires* sumpta ad protasin pertinent, 'si umquam, uel me
uiuente uel post me, libera eris'   **605 quam nullam GV, qua nullam MPUc,
qua nulla Z   ultra ΩC, umbram U**   calcatur plaga, ultra quam nulla
mortalibus aegris munere diuum concessa est a meridiana caeli parte, hoc est
citra aequatorem. recte **a** et Weisius. praepositio sic postponitur et a nomine
separatur ut Verg. Aen. XI 509 sq. *est omnia quando | iste animus supra*;
neque uerendum erat nequis legens *quam nullam* coniungeret. Bentleius 'lege
ex manuscriptis *qua. ultra*, id est ulteriorem. sic u. 766 *sed qua non ulla
cruentae | tantum mortis habet. tantum*, id est plus': idem postquam illuc
peruenit 'qualis haec oratio ? *qua tantum* . . . uix diceret qui prima sermonis
elementa didicit', scribitque *enim*. Hosius, cum Bentleio assensus *ultra*
comparatiuum esse putet et ablatiuo seruire, *ulterius* non putat; dedit enim
apud Propertium *ulteriusque domos uadere Memnonias,* I 6 4. quae **U** habet,
qua (hoc est *ubi*) *nullam superi mortalibus umbram | a medio fecere die*, sensum
faciunt, sed qui cum 528 sq. non constet   **608 et 612** om. **Z**   **613 tutum**
dici etiam quod non noceat, non solum cui non noceatur, lexicographi ignorant,
sed ita Martialis XI 58 9 *fuerit curua cum tuta nouacula theca*; nam minus
certa exempla sunt Verg. Aen. IV 298, Ouid. met. VII 47, trist. V 2 37, 5 18

noxia serpentum est admixto sanguine pestis ;
615 morsu uirus habent et fatum dente minantur,
pocula morte carent.' dixit, dubiumque uenenum
hausit ; et in tota Libyae fons unus harena
ille fuit de quo primus sibi posceret undam.
cur Libycus tantis exundet pestibus aer
620 fertilis in mortes, aut quid secreta nocenti
miscuerit natura solo, non cura laborque
noster scire ualet, nisi quod uolgata per orbem
fabula pro uera decepit saecula causa.
finibus extremis Libyes, ubi feruida tellus
625 accipit Oceanum demisso sole calentem,
squalebant late Phorcynidos arua Medusae,
non nemorum protecta coma, non mollia sulco,
sed dominae uoltu conspectis aspera saxis.
hoc primum natura nocens in corpore saeuas
630 eduxit pestes ; illis e faucibus angues
stridula fuderunt uibratis sibila linguis.
633 ipsa flagellabant gaudentis colla Medusae,
632 femineae cui more comae per terga solutae

tutum per mare nauis eat, ex Pont. III 6 15   615 dente **V**, in dente **U** et (qui totum uersum in ras. habet) **G**, quod ut seruaret Bentleius *minatur* recepit ex ζ; uersum om. **ZMP**, non necessarium illum sed poeta plane dignum 619 **exundet U, exudet** uel **exsudet** Ωa, quod uerbum nec sententia nec oratio recipit   620 post 627 **MP**   625 calentem Ω, cadentem **GV**   627 sulco Ω, suco **V** haud absurde, uide IV 308 sq. *si mollius aruum | prodidit umorem*, Colum. II 16 3 *sucoso solo*, sed ab altera parte Hier. in Is. Mign. XXIV p. 326B *cum . . . dura prius arua mollierit* (agricola)   631 post. *linguis* dist. Oudendorpius perperam tamen interpretatus, sicut ne Burmannus quidem cum *illic e faucibus* aut Bentleius cum *illis ceruicibus* coniiceret sententiam assecutus est.   non, quod absurdum est, serpentes ex ore Medusae sibila fudisse dicuntur, sed quaestioni 619 sqq. propositae sic respondetur : ex incisa Medusae gula, ut 696 sqq. narratur, primum natos esse angues Libycos natosque sibilasse. itaque *illis e faucibus* non ad uerbum pertinet sed sic ponitur ut *hinc* Prop. IV 1 32 *quattuor hinc* (ex ouili) *albos Romulus egit equos*, hoc est hinc profectus albis equis triumphauit   633 ante 632 traiecit Franckenius, casu et errore in uerum delapsus, quod praua distinctione corrupit.   633 post 631 ob pares ternorum uerborum exitus, *nt* et *tis* et *la*, omissus postea loco non suo repositus est ; quod simili de causa, bis posito *entem*, uersui VI 389 in **U** accidit. *flagellabant ipsa Medusae* tum cum uiuebat *colla* non sane idem qui ex mortua nati sunt angues, sed angues tamen, ut mirum non sit quod postea euenit   632 femineae Ωca, -eo **V**   cui Ωa, qui **MP**   solutae **ZUV**, soluti Ga, soluit

634 surgunt aduersa subrectae fronte colubrae
     uipereumque fluit depexo crine uenenum.
     hoc habet infelix, cunctis inpune, Medusa,
     quod spectare licet. nam rictus oraque monstri
     quis timuit ? quem, qui recto se lumine uidit,
     passa Medusa mori est ? rapuit dubitantia fata
640 praeuenitque metus ; anima periere retenta
     membra, nec emissae riguere sub ossibus umbrae.
     Eumenidum crines solos mouere furores,
     Cerberos Orpheo leniuit sibila cantu,
     Amphitryoniades uidit, cum uinceret, hydram :
645 hoc monstrum timuit genitor numenque secundum
     Phorcys aquis Cetoque parens ipsaeque sorores
     Gorgones ; hoc potuit caelo pelagoque minari
     torporem insolitum mundoque obducere terram.
     e caelo uolucres subito cum pondere lapsae,
650 in scopulis haesere ferae, uicina colentes
     Aethiopum totae riguerunt marmore gentes.
     nullum animal uisus patiens, ipsique retrorsum
     effusi faciem uitabant Gorgonos angues.
     illa sub Hesperiis stantem Titana columnis
655 in cautes Atlanta dedit ; caeloque timente
     olim Phlegraeo stantis serpente gigantas

MP   uulgo sic scribunt: (angues) *femineae qui more comae per terga soluti | ipsa flagellabant gaudentis colla Medusae.* | *surgunt aduersa subrectae fronte colubrae* ; ut auersi crines quales uiuente Medusa fuerint, non quales nunc sint, aduersi autem quales nunc sint, non quales tum fuerint doceamur. transposito uersu adscitisque quae plurium codicum auctoritate nituntur lectionibus efficitur desecti capitis in aegide extantis descriptio, cuius serpentes a tergo dependeant, in fronte erigantur   **635** *depexo crine*, quotiens eum Pallas depectit: uide VII 149 *Pallas Gorgoneos diffudit in aegida crines*   **636** *infelix*, λυγρὰ παθοῦσα Hes. theog. 276 : dico propter Bentleium et Franckenium   **638 recto se** MPV, **se recto** U, **recto si** ZG   **645** *que* duas Phorcyos appellationes coniungit, ut Corneliae 277   **648 insolitum** Z(MP)V, **solitum** GUa   **obducere** C, abd- Ω, add- V, 'totum mundum saxeum facere' c recte : quod proprie saxum est generali nomine *terram* appellat propter illa *caelo pelagoque*, prudenterque Cortius *petram* spreuit. frustra Oudendorpius *abducere* ita defendit ut *terram* pro humo molli accipiat, quae in saxum conuersa ex numero rerum eximatur   **649 e** ZGV, **et** MPU   **652 uisus** ZUV, -su P, -sum M, -su est G   **retrorsum** ZUV, -us MPG   **655 timente** GUVC, -em Z, -iae

erexit montes, bellumque inmane deorum
Pallados e medio confecit pectore Gorgon.
quo postquam partu Danaes et diuite nimbo
660　ortum Parrhasiae uexerunt Persea pinnae
Arcados auctoris citharae liquidaeque palaestrae,
et subitus praepes Cyllenida sustulit harpen,
harpen alterius monstri iam caede rubentem
a Ioue dilectae fuso custode iuuencae,
665　auxilium uolucri Pallas tulit innuba fratri
pacta caput monstri, terraeque in fine Libyssae
Persea Phoebeos conuerti iussit ad ortus
Gorgonos auerso sulcantem regna uolatu,
et clipeum laeuae fuluo dedit aere nitentem
670　in quo saxificam iussit spectare Medusam.
quam sopor aeternam tracturus morte quietem
obruit haud totam : uigilat pars magna comarum
defenduntque caput protenti crinibus hydri,
pars iacet in medios uoltus oculisque tenebras
674A　*offundit clausis et somni duplicat umbras.*
675　ipsa regit trepidum Pallas, dextraque trementem
Perseos auersi Cyllenida derigit harpen
lata colubriferi rumpens confinia colli.
quos habuit uoltus hamati uolnere ferri
caesa caput Gorgon ! quanto spirare ueneno
680　ora rear quantumque oculos effundere mortis !

MP　**659** *quo* ad 624 sqq. refertur　　**danaes et P**, sim. Ω　　**664** habent GZ²
cod. Laur. S. Crucis saec. XI, legit **a**, om. Ω, del. Cortius et plerique.　multo
minus abundat quam 661 atque adeo melius adest quam abest, neque cur
exciderit obscurum est (663 *-de rubentē*, 664 *-de iubence*, accedente etiam in 664
et 665 homoearcho).　interpolator qui *alterius monstri* explicare uellet Argi
nomen positurus erat, certe genetiuum　　**668** *sulcantem* non satis proprie
dicitur, sed ne *scinderet* quidem 686　　**670** dist. Cortius ed. 1.　sequitur
descriptio Medusae adueniente Perseo dormientis　　**674 oculis PG** et (**s** in ras.)
M, -**li ZUVa**.　unum uersum post hunc intercidisse statui ; nam etsi recte
omnino *oculi tenebras* pro clauso oculo dicitur, unoculam Gorgona neque in
litterarum neque in artis monumentis repperi : certe uersu 680 duos habet
oculos, ut apud Vergilium et Homerum　　**676**, qui uersus ex 662 et 682
confictus uideri potest, deleuit Bentleius, in 675 *trementis* (ita ut uidetur **V**) et
in 677 *rumpit* nouato　　**678 hamati P, amati ZMGC, limati V, lunati** cod.
S. Crucis, **iaculati** in ras. **U**　　**679 spirare** Ω, -**asse ZG**, a quo incepto in

Lucan *De bello civili* IX

nec Pallas spectare potest, uoltusque gelassent
Perseos auersi, si non Tritonia densos
sparsisset crines texissetque ora colubris.
aliger in caelum sic rapta Gorgone fugit.
685 ille quidem pensabat iter propiusque secabat
aera, si medias Europae scinderet urbes :
Pallas frugiferas iussit non laedere terras
et parci populis. quis enim non praepete tanto
aethera respiceret ? Zephyro conuertitur ales
690 itque super Libyen, quae nullo consita cultu
sideribus Phoeboque uacat : premit orbita solis
exuritque solum ; nec terra celsior ulla
nox cadit in caelum lunaeque meatibus obstat,
si flexus oblita uagi per recta cucurrit
695 signa nec in Borean aut in Noton effugit umbram.
illa tamen sterilis tellus fecundaque nulli
arua bono uirus stillantis tabe Medusae
concipiunt dirosque fero de sanguine rores,
quos calor adiuuit putrique incoxit harenae.
700 hic quae prima caput mouit de puluere tabes
aspida somniferam tumida ceruice leuauit.

effundere desistendum fuit   681 '*gelassent* oculi' Haskinsius ; peruerse a
uoltus pro nominatiuo accipit   690 itque **GUV**, idque ZP, atque ut uidetur
M   692 **solum** ZGV, quod legit a, **polum MPU**. uide III 253   692–695
praeeunte c expl. Weisius reliquis pro sua siderum ignoratione aberrantibus.
umbra terrae nocturnae illic derecto in caeli culmen mittitur, ut luna, nisi
eclipticum uitarit, in summo uertice deficere possit, quod in plaga temperata
non fit. uide quae de Britannia contraria traduntur Tac. Agr. 12 4 *extrema et
plana terrarum humili umbra non erigunt tenebras, infraque caelum et sidera
nox cadit*, paneg. Lat. VI 9 3 *illa litorum extrema planities non attollit umbras,
noctisque metam caeli et siderum transit adspectus*. duobus uersibus 694 sq.
nihil quod rectae sphaerae aut Libyci climatis proprium sit continetur, sed uult
poeta ostendere se defectus lunaris causam tenere. *per recta signa*, recta linea
per zodiacum : uide ad I 220 adnotata. ceterum quae Vsenerus in c aut non
correxit aut ultro corrupit sic scribenda sunt : ' *nec . . . effugit . . .* quoniam
si fugeret, sicut solet, ⟨non⟩ incurreret . . . porro sub hoc solstitiali (*hic
scholiastae error est*) circulo terra media est, unde nox celsissime (certissime *cod.*)
emittitur '   695 **umbram** ⟨, -ra ΩC, -rans ex corr. G   696 *tamen* ad 690–2
respicit   697 om. Z   **tabe GUV** et in ras. **M**, **uillae P** et procul dubio ante
ras. **M**, id est **felle** potius quam *bile*, sicut Prop. II 6 24 *uiri et feri*, Mart. XII
32 14 *uirenti* et *ferentis* confusa sunt ; etsi C.G.L. v p. 400 14 habetur *uilis*,

plenior huc sanguis et crassi gutta ueneni
decidit ; in nulla plus est serpente coactum.
ipsa caloris egens gelidum non transit in orbem
705 sponte sua, Niloque tenus metitur harenas ;
sed (quis erit nobis lucri pudor ?) inde petuntur
huc Libycae mortes et fecimus aspida mercem.
at non stare suum miseris passura cruorem
squamiferos ingens haemorrhois explicat orbes,
710 natus et ambiguae coleret qui Syrtidos arua
chersydros, tractique uia fumante chelydri,
et semper recto lapsurus limite cenchris :
pluribus ille notis uariatam tinguitur aluum
quam paruis pictus maculis Thebanus ophites.
715 concolor exustis atque indiscretus harenis
hammodytes, spinaque uagi torquente cerastae,
et scytale sparsis etiamnunc sola pruinis
exuuias positura suas, et torrida dipsas,
et grauis in geminum uergens caput amphisbaena,
720 et natrix uiolator aquae, iaculique uolucres,
et contentus iter cauda sulcare parias,
oraque distendens auidus fumantia prester,
ossaque dissoluens cum corpore tabificus seps ;
sibilaque effundens cunctas terrentia pestes,
725 ante uenena nocens, late sibi summouet omne
uolgus et in uacua regnat basiliscus harena.
uos quoque, qui cunctis innoxia numina terris

uenenum uel pestis   702 huc **MPG**, huic **ZUV** et praeter Bentleium editores.
huc, in hunc locum ubi tabes aspida leuauit   706 distinxi   714 **pictus** Vat.
3284 saec. xi, Isid. or. xii 4 30, **pigtus** C.G.L. v p. 227 30, **punctus MP, tinctus**
Ω fortasse ex 713. Isidori et glossarii codices nostris antiquiores sunt   **715–
723** nominatiuis uerbum deest, neque enim aut *explicat orbes* ex 709 oratio aut
summouet et *regnat* ex 725 sq. sententia audiri sinit ; sin autem 713 sq.
parenthesi claudantur, desiderabitur ante 715 coniunctio. uide ad iii 269
715 *exustis'harenis* et datiui et ablatiui uice fungitur, ut Ouid. ex Pont. iii 5 26
cum traherer dictis adnueremque tuis, Mart. vii 45 2 *caro proximus aut prior
Sereno*   716 post 721 U   716 *torquente* non magis intransitiue intelle-
gendum est, ut uoluerunt Weisius et Vsenerus opusc. i p. 229, quam *mouente*
Ouid. amor. iii 7 36 *nullo poma mouente fluunt*. spina ab Helena fracta
huc et illuc torquet cerastas uagosque efficit   722 **fumantia** Ω Isid. or. xii
4 16, **spumantia ZG**   723 **seps ZUV(C)** a Isid. ib. 31, **spes MP(G)**

serpitis, aurato nitidi fulgore dracones,
letiferos ardens facit Africa : ducitis altum
730 aera cum pinnis, armentaque tota secuti
rumpitis ingentes amplexi uerbere tauros ;
nec tutus spatio est elephans : datis omnia leto,
nec uobis opus est ad noxia fata ueneno.
has inter pestes duro Cato milite siccum
735 emetitur iter, tot tristia fata suorum
insolitasque uidens paruo cum uolnere mortes.
signiferum iuuenem Tyrrheni sanguinis Aulum
torta caput retro dipsas calcata momordit.
uix dolor aut sensus dentis fuit, ipsaque leti
740 frons caret inuidia nec quicquam plaga minatur.
ecce, subit uirus tacitum, carpitque medullas
ignis edax calidaque incendit uiscera tabe.
ebibit umorem circum uitalia fusum
pestis et in sicco linguam torrere palato
745 coepit ; defessos iret qui sudor in artus
non fuit, atque oculos lacrimarum uena refugit.
non decus imperii, non maesti iura Catonis
ardentem tenuere uirum, ne spargere signa
auderet totisque furens exquireret aruis
750 quas poscebat aquas sitiens in corde uenenum.
ille uel in Tanain missus Rhodanumque Padumque
arderet Nilumque bibens per rura uagantem.
accessit morti Libye, fatique minorem
famam dipsas habet terris adiuta perustis.
755 scrutatur uenas penitus squalentis harenae,
nunc redit ad Syrtes et fluctus accipit ore,
aequoreusque placet, sed non et sufficit, umor.
nec sentit fatique genus mortemque ueneni,

729 letiferos MPU, pestiferos ZGV *ducitis altum | aera cum pinnis* expl.
Burmannus et Bentleius collatis Mel. I 99, Ael. n. a. II 21, Luc. I 588, VII 835
732 om. **U** **736 uidens** Ω, -et ZV **748** ne ZG, nec (M)P, quin UV **749
aruis G**, (exquirere c)auris P, (. . . c)ausis M, agris ZUV. arua Libyae, non
agri, appellari solent, uelut 384, 626, 697, 710, 939 **753 fati** Ω, -is Z et fortasse
V, non male sed minus bene **minorem ZGU, -is MPV.** minorem quam alioqui

sed putat esse sitim ; ferroque aperire tumentis
760 sustinuit uenas atque os inplere cruore.
iussit signa rapi propere Cato : discere nulli
permissum est hoc posse sitim. sed tristior illo
mors erat ante oculos, miserique in crure Sabelli
seps stetit exiguus ; quem flexo dente tenacem
765 auolsitque manu piloque adfixit harenis.
parua modo serpens, sed qua non ulla cruentae
tantum mortis habet. nam plagae proxima circum
fugit rupta cutis pallentiaque ossa retexit ;
iamque sinu laxo nudum sine corpore uolnus.
770 membra natant sanie, surae fluxere, sine ullo
tegmine poples erat, femorum quoque musculus omnis
liquitur, et nigra destillant inguina tabe.
dissiluit stringens uterum membrana, fluuntque
uiscera ; nec, quantus toto de corpore debet,
775 effluit in terras, saeuum sed membra uenenum
decoquit, in minimum mors contrahit omnia uirus.
779 quidquid homo est, aperit pestis natura profana :

habitura erat : recte in uniuersum a 758 *mortem ueneni* : uide Phaed. II 8 2
uenatorum . . . *necem* ibique Hauetum 760 cruore GVc, ueneno Ω, cum
illud ob homoeteleuton excidisset 762 '*sitim* Latine διψάδα (dipra *cod.*)
dixit' c : uult scholiastes, ut ex a apparet, *sitim* serpentis nomen esse, quae
alibi *siticula situla sitio* appellatur ; errore ille quidem, sed quod Vsenerus
scripsit δίψαν ineptum est illo (illius morte) Ω sequente Hosio, illa ZV, quod
est sane simplicius 765 harenis Ω, arenae V Prisc. G.L.K. II p. 527, ubi
etiam *telumque* 766 qua Ω, quia Z et in lemmate a. ablatiuus unde pendeat
comparatiuum requirit, cuius in locum supponitur *tantum*. *quam* edd. uett. et
Burmannus, cuius aduerbii pro *quantum* substantiuo positi exemplum quod
plane par sit non repperi, neque enim sufficiunt uelut Liu. VII 15 10, Plin. ep.
III 9 16 ; *sed enim* Bentleius, *quantum nulla* Franckenius. fortasse fuit ⟨*ius*⟩
sed non ulla cruentae | *tantum mortis habet* ; nam illa *tantum mortis*, ubi *mors*,
ut 680, uis est mortifera, uix uidentur recipere epitheton 768 ossa ZUV, ora
MPG 769 est ante *nudum* MP et in ras. U, post V, om. ZG sicut Statius
Theb. v 598 *totumque in uulnere corpus* 774 quantus Ωa, -um ZG, quod nemo in
masculinum mutaturus fuit ; sed longe ex 763–5 accitus Sabellius, siue is Sabellius
est, durissime iusto minor suo de corpore effluere dicitur, durius certe quam suo
mersus latere Nasidius 796 ; ut haud sciam an uersus post hunc excideri in quo
fuerit uelut *effundi* . . . *imber* 775 terras GUV, -ra ZMP 776 mors Ω,
mor U, mons C, *mox* Cortius, quo quid lucremur nescio. moriendi ratio omnia
membra contrahit in paruam saniei uirosae particulam. *rutilum* (*dirum*) *pro
sanguine uirus* 810 et I 615 779 ante 777 traieci. scripto uersu 776 librarius,
cum ad 779, in quo est na-*tura*, pergere deberet, ad 777 ob ibi positum tex-*tura*

777 uincula neruorum et laterum textura cauumque
    pectus et abstrusum fibris uitalibus omne
780 morte patet. manant umeri fortesque lacerti,
    colla caputque fluunt : calido non ocius Austro
    nix resoluta cadit nec solem cera sequetur.
    parua loquor, corpus sanie stillasse perustum :
    hoc et flamma potest ; sed quis rogus abstulit ossa ?
785 haec quoque discedunt, putrisque secuta medullas
    nulla manere sinunt rapidi uestigia fati.
    Cinyphias inter pestes tibi palma nocendi est :
    eripiunt omnes animam, tu sola cadauer.
        ecce, subit facies leto diuersa fluenti.
790 Nasidium Marsi cultorem torridus agri
    percussit prester. illi rubor igneus ora
    succendit, tenditque cutem pereunte figura
    miscens cuncta tumor ; toto iam corpore maior
    humanumque egressa modum super omnia membra
795 efflatur sanies late pollente ueneno ;
    ipse latet penitus congesto corpore mersus,
    nec lorica tenet distenti pectoris auctum.
    spumeus accenso non sic exundat aeno

delapsus est, ut 779 omissus et postea aliena sede collocatus sit   **777 textura**
Ω, **iunctura V** fortasse ex Verg. Aen. XII 274. editores ueteres partim *contexta*
scribebant, partim orationis structuram non curabant, quam nullam esse
Oudendorpius animaduertit, *uincula et textura pectusque aperit pestis*; quibus post
plenam distinctionem haec subiecta legimus, *natura profana | morte patet:
manant umeri* etc., ut umeri manantes tamquam naturae profana morte patentis
exemplum proferantur. atque Oudendorpius quidem uerba duos uersus
explentia *cauumque . . . natura* a Lucano abiudicauit ; Burmannus illa *aperit
pestis natura* (quamquam ipse *matura* scripsit) uncis saepsit, qui minus dure
totum uersiculum interclusisset ; Hosius denique facile se expediuit hac inter-
punctione, *laterum textura . . . et abstrusum fibris uitalibus: omne . . . aperit
pestis*   **780 patet** Ω, -ent **MP** fortasse recte   **782** *cadit* in *cadet* mutantem
Grotium Bentleius refutauit   **784 quis** Ω, qui **MP** contra usum poetae, quem
Montepessulani existimationi Hosius posthabet   **793** dist. Franckenius
795 efflatur MGU, -us **Z, affiatur PV**   pollente **GUV,** pallente **Z,** tollente
MP   post *ueneno* Oudendorpius, post *sanies* Cortius interpunxit   **797
pectoris** Bentleius, **corporis** Ω, siue ex 796 siue uulgari horum nominum per-
mutatione de qua dixi ad III 588 et Man. IV 923.   *corporis auctu,* alio quidem
sensu, Lucr. II 482 et V 1171 haberi non ignoro ; sed loricae conuenit pectus :
uide VII 498 sq., Verg. Aen. X 485, Ouid. met. XII 117, Stat. Theb. IX 553,
Mart. VII 1 3 sq., 2 1–5, Claud. Stil. II 366 sq.   **798 exundat** Ω, **exultat Z²,**

undarum cumulus, nec tantos carbasa Coro
800 curuauere sinus. tumidos iam non capit artus
informis globus et confuso pondere truncus.
intactum uolucrum rostris epulasque daturum
haud inpune feris non ausi tradere busto
nondum stante modo crescens fugere cadauer.
805   sed maiora parant Libycae spectacula pestes.
inpressit dentes haemorrhois aspera Tullo,
magnanimo iuueni miratorique Catonis.
utque solet pariter totis se fundere signis
Corycii pressura croci, sic omnia membra
810 emisere simul rutilum pro sanguine uirus.
sanguis erant lacrimae ; quaecumque foramina nouit
umor, ab his largus manat cruor ; ora redundant
et patulae nares ; sudor rubet ; omnia plenis
membra fluunt uenis ; totum est pro uolnere corpus.
815   at tibi, Laeue miser, fixus praecordia pressit
Niliaca serpente cruor, nulloque dolore
testatus morsus subita caligine mortem
accipis et socias somno descendis ad umbras.
non tam ueloci corrumpunt pocula leto
820 stipite quae diro uirgas mentita Sabaeas
toxica fatilegi carpunt matura Saitae.
ecce, procul saeuos sterili se robore trunci
torsit et inmisit (iaculum uocat Africa) serpens
perque caput Pauli transactaque tempora fugit.

quod Heinsius tuetur adlatis Verg. Aen. VII 462-6, Ouid. met. VI 645, VII
262 sq. ; sed illud aptius uidetur uerbum, neque *exundat* . . . *undarum* maiori
offensioni esse debet quam III 348 *contingi* . . . *attingere* aut VIII 462 *transuerso
uertitur*   802 ordo est *intactum rostris*, quod propter Weisium quosque ille
decepit dicendum est   805 om. **MP**, post 807 ponit **G**, del. Bentleius   808 **se
fundere G, effundere Ω, se effundere U** et editores, cum tamen Lucanus uoces
monosyllabas non elidit nisi in quinto pede, longam quidem semel tantum
I 334   810 **rutilum** pro Ω, **rutilatum ZG**   811 **erant** Ω, -**at ZP** ut Ouid.
amor. I 7 60   **nouit** Ω, **mouit ZU**   817 **testatus ZU**, -**ur** Ω   818 **socias
ZGV, stygias MP** et in ras. **U**. expl. Burmannus   821 **saitae** ca, quod
recepit Hosius, **sagitae M** ex corr., satae Z², site (M)P, sabei Ω ex 820,
Sueui (-bi) Bentleius collatis Sen. Med. 712 sq.   822 **sterili se G, sterili e
(se Z, de V)**ΩC   823 **inmisit ZGV, emisit MPU**   **uocat PGV, uolat ZU** et in

825 nil ibi uirus agit : rapuit cum uolnere fatum.
 deprensum est, quae funda rotat quam lenta uolarent,
 quam segnis Scythicae strideret harundinis aer.
 quid prodest miseri basiliscus cuspide Murri
 transactus ? uelox currit per tela uenenum
830 inuaditque manum ; quam protinus ille retecto
 ense ferit totoque semel demittit ab armo,
 exemplarque sui spectans miserabile leti
 stat tutus pereunte manu. quis fata putarit
 scorpion aut uires maturae mortis habere ?
835 ille minax nodis et recto uerbere saeuos
 teste tulit caelo uicti decus Orionis.
 quis calcare tuas metuat, salpuga, latebras ?
 et tibi dant Stygiae ius in sua fila sorores.
 sic nec clara dies nec nox dabat atra quietem
840 suspecta miseris in qua tellure iacebant.
 nam neque congestae struxere cubilia frondes
 nec culmis creuere tori, sed corpora fatis
 expositi uoluuntur humo, calidoque uapore
 adliciunt gelidas nocturno frigore pestes,
845 innocuosque diu rictus torpente ueneno
 inter membra fouent. nec, quae mensura uiarum
 quisue modus, norunt caelo duce : saepe querentes

ras. M   831 semel Z, simul peruagato errore Ω et praeter Cortium editores.
uide II 147, III 296, VI 757, VII 234, VIII 707, quibus cum multa addi possint,
unum locum ponam huius simillimum, Mart. spect. 27 6 *huic percussa foret tota
Chimaera semel*   demittit MV, di- Ω   832 pro *miserabile* Canterus *mirabile*,
quod et multis placuit et magis proprium uideri potest ; solent autem haec duo
confundi, ut 491   833 putarit Bentleius, putauit Ω, putaret ZU : uide 837
metuat (-*it* Z). Iuu. VI 660 *praegustabit -uit -ret* libri, *manducauerit* scholiastes,
id est *praegustarit*   833–838, qui quorsum pertinerent Farnabius explicare
temptauit adlato Plin. n.h. VIII 104 *nec minus clara exitii documenta sunt etiam
contemnendis animalibus . . . citra Cynamolgos Aethiopas late deserta regio est
a scorpionibus et solipugis gente sublata*, tum demum hic locum haberent si
basiliscus tamquam contemnendum animal inductus esset, qui 724–6 cetera
fugare et solus regnare dicitur. quod de scorpio uersu 836 refertur se apud
Lucanum legisse ostendit Seruius Aen. I 535   837 salpuga PZ², -piga ferme
Ω   840 suspecta Ω, -am GU   843 *humo* pro *humi* etiam Ouid. met. IV 121,
Val. Fl. I 710, item Verg. Aen. I 193 in libris, sed Seruius *humi*, quod ne hic
reponi uelis uide ad VIII 108.   haec omnia Neuius et Schmalzius ignorant
    847 norunt ZG, -ant Ω   legimus 495 *sideribus nouere uiam* : scilicet,

Lucan *De bello civili* IX

'reddite, di,' clamant ' miseris quae fugimus arma,
reddite Thessaliam.   patimur cur segnia fata
850 in gladios iurata manus ?   pro Caesare pugnant
dipsades et peragunt ciuilia bella cerastae.
ire libet qua zona rubens atque axis inustus
solis equis ; iuuat aetheriis ascribere causis
quod peream, caeloque mori.   nil, Africa, de te
855 nec de te, natura, queror : tot monstra ferentem
gentibus ablatum dederas serpentibus orbem,
inpatiensque solum Cereris cultore negato
damnasti atque homines uoluisti desse uenenis.
in loca serpentum nos uenimus : accipe poenas
860 tu, quisquis superum commercia nostra perosus
hinc torrente plaga, dubiis hinc Syrtibus orbem
abrumpens medio posuisti limite mortes.
per secreta tui bellum ciuile recessus
uadit, et arcani miles tibi conscius orbis
865 claustra ferit mundi.   forsan maiora supersunt
ingressis : coeunt ignes stridentibus undis
et premitur natura poli ; set longius istac
nulla iacet tellus, quam fama cognita nobis

quamdiu Cynosura neque ascenderet neque descenderet, sciebant se recta in occidentem progredi ; sed ob id ipsum modum mensuramque uiae ignorabant, quae e sideribus discere potuissent si aut in septentriones aut in meridiem iter fuisset   849 om. Z   850 *pro Caesare*, Caesaris uice fungentes ; nam erratum uidi   857 negato Ω, fugato V   860 *tu* nominatiuum esse agnouit Oudendorpius, quod adhuc plerisque pro uocatiuo est   ' *commercia*, transitus ' a, scilicet ab oriente in occidentem   861 orbem Ω, oram ZG   865 *claustra*, non terminos sed saepta occidentem includentia.   haec claustra ingressi milites res etiam magis quam quas adhuc norunt mirabiles uisuri sunt, caelum et mare in unum coeuntia, terras autem, tertiam naturae partem, desinentes, quarum ultima Mauritania est, fama tantum cognita   867 **poli sed G, polis et Ω**
premitur natura poli, deprimitur caelum : ita Lucretius I 281 *aquae natura* similiaque passim   istac*, ista GUV, iste (hoc est *istae*) (M)P, istinc Z.   *ista* qui ita enarrant ut intellegi possint Oudendorpius et Franckenius pro *ista* (id est *hac*) *tellure* accipiunt, quo fit ut pro *quam* supponere cogantur *praeterquam*. *istinc*, quod Cortio placuit, recte haberet si pro *illinc* (ab occidentis parte) accipi posset ; sed obstat *istas* 869 pro *has* positum, et uerendum erat ne legentes *longius istinc* coniungerent.   *ista* aduerbium lexica ignorant et uel magis ambiguum futurum erat ; scripsi ergo, unde uariae lectiones ortae uidentur, *istac*, id est ' hac, qua uadimus, uiae regione '.   eo qui post Terentium usus sit non noui, sed *illac* apud Ouidium Manilium Messallae laudatorem extat,

tristia regna Iubae. quaeremus forsitan istas
870 serpentum terras : habet hoc solacia caelum :
uiuit adhuc aliquid. patriae non arua requiro
Europamque alios soles Asiamque uidentem :
qua te parte poli, qua te tellure reliqui,
Africa ? Cyrenis etiamnunc bruma rigebat :
875 exiguane uia legem conuertimus anni ?
imus in aduersos axes, euoluimur orbe,
terga damus ferienda Noto ; nunc forsitan ipsa est
sub pedibus iam Roma meis. solacia fati
haec petimus : ueniant hostes, Caesarque sequatur
880 qua fugimus.' sic dura suos patientia questus
exonerat. cogit tantos tolerare labores
summa ducis uirtus, qui nuda fusus harena
excubat atque omni fortunam prouocat hora.
omnibus unus adest fatis ; quocumque uocatus
885 aduolat atque ingens meritum maiusque salute
contulit, in letum uires ; puduitque gementem
illo teste mori. quod ius habuisset in ipsum
ulla lues ? casus alieno in pectore uincit
spectatorque docet magnos nil posse dolores.
890 uix miseris serum tanto lassata periclo
auxilium Fortuna dedit. gens unica terras
incolit a saeuo serpentum innoxia morsu,
Marmaridae Psylli. par lingua potentibus herbis,
ipse cruor tutus nullumque admittere uirus
895 uel cantu cessante potens. natura locorum

hac apud Lucanum ipsum, uelut huius libri uersu 444   **870 caelum ZGV,
letum MPU.** expl. a   876 *aduersos axes,* caeli regiones nostris oppositas :
uide Plin. n.h. II 189 *aduersa plaga mundi,* x 19 *aduerso orbe,* Man. I 592 sq. ;
quamquam non minus rectum erat quod Cortius ad I 54 sine causa substituit
auersos   877 post Hortensium expl. Weisius   **878 iam** om. **ZP**   **fati
ZGU, -is MPV** propter *meis.* *solacia fati* II 91, *casus* VII 658, *mortis* VIII 314,
mali 355, *damni* 469 ; nusquam datiuus   **880 suos . . . questus** Ω, **suo . . .
questu MP** et Hosius collato 403, ut *dura* obiectum sit, quod satis apparet
epitheton esse ut 445 et 562   **884 quocumque ZGC, qua- Ω**   **889 docet Ω,
iubet Z** et ut uidetur a   **890** *tanto lassata periclo,* 'inferendo pericula' c
895 potens Ω, potest ZG. negatio ad *potens* non pertinet : sanguis ea potentia
praeditus dicitur ut nullum uirus admittat   **896 mixtis Ω, -ti ZG**   **905 dist.**

Lucan De bello civili IX

      iussit ut inmunes mixtis serpentibus essent.
      profuit in mediis sedem posuisse uenenis.
      pax illis cum morte data est. fiducia tanta est
      sanguinis, in terras paruus cum decidit infans,
900 nequa sit externae Veneris mixtura timentes
      letifica dubios explorant aspide partus.
      utque Iouis uolucer, calido cum protulit ouo
      inplumis natos, solis conuertit ad ortus :
      qui potuere pati radios et lumine recto
905 sustinuere diem, caeli seruantur in usus,
      qui Phoebo cessere, iacent : sic pignora gentis
      Psyllus habet, siquis tactos non horruit angues,
      siquis donatis lusit serpentibus infans.
      nec solum gens illa sua contenta salute
910 excubat hospitibus, contraque nocentia monstra
      Psyllus adest populis. qui tum Romana secutus
      signa, simul iussit statui tentoria ductor,
      primum, quas ualli spatium conprendit, harenas
      expurgat cantu uerbisque fugantibus angues.
915 ultima castrorum medicatus circumit ignis.
      hic ebulum stridet peregrinaque galbana sudant,
      et tamarix non laeta comas Eoaque costos
      et panacea potens et Thessala centaurea
      peucedanonque sonant flammis Erycinaque thapsos,
920 et larices fumoque grauem serpentibus urunt
      habrotonum et longe nascentis cornua cerui.
      sic nox tuta uiris. at, siquis peste diurna
      fata trahit, tunc sunt magicae miracula gentis
      Psyllorumque ingens et rapti pugna ueneni.

post Barthium et expl. post Guietum Oudendorpius collato Claud. vi 11-4 *qui . . . sustinuit . . . diem* | *nutritur . . . fulminis heres* | *gesturus summo tela trisulca Ioui*   **907 psyllos MP**, sed uide 911 ; neque gentilis nominis forma Graeca in hac declinatione frequentatur   **913** om. **G**   **914 expurgat MV, -ant ZGU, expugnat P**   **916 stridet GV**, -it Ω : uide ad vi 179   **chalbana Z**, atque Graecis χαλβάνη est   **917 comas (Z)MP, -is GUV**   **919 sonant MPV, -at ZG, -ans** in ras. **U**   **924** habent **GV** et interpretatur a, om. Ω. nihil suppositicii prae se fert ; nam quod plurali *Psyllorum* subicitur in proxima sententia *designat*, praecesserunt in 911-20 *Psyllus, secutus, expurgat,*

925 nam primum tacta designat membra saliua,
quae cohibet uirus retinetque in uolnere pestem ;
plurima tunc uoluit spumanti carmina lingua
murmure continuo, nec dat suspiria cursus
uolneris aut minimum patiuntur fata tacere.
930 saepe quidem pestis nigris inserta medullis
excantata fugit ; sed, siquod tardius audit
uirus et elicitum iussumque exire repugnat,
tum super incumbens pallentia uolnera lambit
ore uenena trahens et siccat dentibus artus,
935 extractamque potens gelido de corpore mortem
expuit ; et cuius morsus superauerit anguis
iam promptum Psyllis uel gustu nosse ueneni.
hoc igitur tandem leuior Romana iuuentus
auxilio late squalentibus errat in aruis.
940 bis positis Phoebe flammis, bis luce recepta
uidit hareniuagum surgens fugiensque Catonem.
iamque illi magis atque magis durescere puluis
coepit et in terram Libye spissata redire,
iamque procul rarae nemorum se tollere frondes,
945 surgere congesto non culta mapalia culmo.

urunt. rapti expl. Weisius collato III 504 : adde Ouid. met. IV 744 sq.
uirga . . . uim rapuit monstri. idem ualet *trahit* uersu superiore   **925** *tacta
iniuria temptatum est.*   tactus mutuus est, et ut saliua membra ita membra
saliuam tangunt: uide Catull. 62 52 (uitis) *contingit summum radice flagellum,*
Ouid. met. II 201 *quae* (lora) *. . . summo tetigere* (equi) *iacentia tergo,* VI 63 sq.
ab imbre solet percussis solibus arcus | inficere . . . caelum, Il. Lat. 304 sq.
extremas galeae percussus ad oras | dissiluit mucro, Luc. II 155 sq. *hic se
praecipiti iaculatus pondere dura | dissiluit percussus humo,* VIII 698 *litora
Pompeium feriunt,* 708 (Pompeius) *pulsatur harenis,* IX 336 *terra ferit puppes.*
nisi forte sic accipimus : digito saliuam oris tangit eaque membra designat
928 dat ΩCa, **dant ZU**   **929 minimum ZG, nimium** Ω   **931 om. Z   935
potens MPG, petens U, tenens Z** et in ras. **V.**   *potens,* id est uictor propositi,
primus Hosius recepit   **936 superauerit** Ωa, **-at GU**   **937** pro *Psyllis*
Bentleius *Psyllo,* quod cum tempore uerbi *superauerit* non conuenit, prius enim
gustat quam superat ; nam nimis absurde uulgo *morsus* pro nominatiuo
accipitur. alii Psylli circumstantes uenenum quod ille expuit gustant
gustu GVa, -um ZMP, gestu U   942 illi Z et in ras. (ubi uersus 944 initium
fuisse puto) **G, illic** Ω, quod inutile ac potius ineptum est, **illis ζ** et edd.
plerique   **943** plenam distinctionem in fine sustulit Oudendorpius   **944
nemorum rarae se (rara est Z) attollere ZG,** qua de elisione uide ad 808
945 non culta (Z)G Seru. georg. III 340, **nunc (tunc V) uisa** Ω : scilicet

Lucan *De bello civili* IX

quanta dedit miseris melioris gaudia terrae
cum primum saeuos contra uidere leones !
proxima Leptis erat, cuius statione quieta
exegere hiemem nimbis flammisque carentem.
950 Caesar, ut Emathia satiatus clade recessit,
cetera curarum proiecit pondera soli
intentus genero ; cuius uestigia frustra
terris sparsa legens fama duce tendit in undas,
Threiciasque legit fauces et amore notatum
955 aequor et Heroas lacrimoso litore turres,
qua pelago nomen Nepheleias abstulit Helle.
non Asiam breuioris aquae disterminat usquam
fluctus ab Europa, quamuis Byzantion arto
Pontus et ostriferam dirimat Calchedona cursu,
960 Euxinumque ferens paruo ruat ore Propontis.
Sigeasque petit famae mirator harenas
et Simoentis aquas et Graio nobile busto
Rhoetion et multum debentis uatibus umbras.
circumit exustae nomen memorabile Troiae
965 magnaque Phoebei quaerit uestigia muri.
iam siluae steriles et putres robore trunci
Assaraci pressere domos et templa deorum
iam lassa radice tenent, ac tota teguntur
Pergama dumetis : etiam periere ruinae.
970 aspicit Hesiones scopulos siluaque latentis

scriptum fuerat *nonc ulta*   **947** *cum* Bentleius in *quod* mutabat, haeseratque Guietus : 'quis' dedit gaudia, aut quid dedit ? τὸ *uidere leones* ?'. non, uerum *cum uidere*, quae constructio habetur VI 454-6 *nec noxia tantum | pocula proficiunt aut* (proficit) *cum turgentia suco | frontis amaturae subducunt pignora fetae*, Quint. inst. VIII 6 21 *synecdochen uocant . . . cum . . . accipimus.* atque hoc quidem Franckenius uidit ; acumen sententiae, in qua uarie aberratum est, nemo. nempe leones, formidulosissimum animalium genus, cum gaudio uiderunt, utpote serpentibus meliores   **948** *quieta* MP, *-am* Ω   **954** *Threicias fauces*, Hellespontum, non Bosporum : recte Weisius   **955 heroas** ZGUa, **heoas** V, **oeteas** MP. de plurali uide Hor. epist. I 3 4 et Strab. p. 591   **956** *pelago* GZ², -*gi* Ω. IV 23 *aufert tibi nomen Hiberum*   **helle** Za, -**es** Ω   **960** Euxini aquas portans paruo Bospori Thracii ore profluat : uide ad III 235   **966 iam** Ω, **nam** V   **970 silua** G²ζ, **siluas** ΩCa ineuitabili paene errore, quem interpungendo peiorem fecit Oudendorpius   **latentis** (-es) **GVCa, lacentes MP, patentis** (-es) **ZU.** ceterum uide Quint. Smyrn. VIII 97 sq.

Lucan *De bello civili* IX

Anchisae thalamos ; quo iudex sederit antro,
unde puer raptus caelo, quo uertice Nais
luxerit Oenone : nullum est sine nomine saxum.
inscius in sicco serpentem puluere riuum
975 transierat, qui Xanthus erat. securus in alto
gramine ponebat gressus : Phryx incola manes
Hectoreos calcare uetat. discussa iacebant
saxa nec ullius faciem seruantia sacri :
' Herceas ' monstrator ait ' non respicis aras ? '
980 o sacer et magnus uatum labor ! omnia fato
eripis et populis donas mortalibus aeuum.
inuidia sacrae, Caesar, ne tangere famae ;
nam, siquid Latiis fas est promittere Musis,
quantum Zmyrnaei durabunt uatis honores,
985 uenturi me teque legent ; Pharsalia nostra
uiuet, et a nullo tenebris damnabimur aeuo.
ut ducis inpleuit uisus ueneranda uetustas,
erexit subitas congestu caespitis aras
uotaque turicremos non inrita fudit in ignes.
990 ' di cinerum, Phrygias colitis quicumque ruinas,
Aeneaeque mei, quos nunc Lauinia sedes
seruat et Alba, lares, et quorum lucet in aris
ignis adhuc Phrygius, nullique aspecta uirorum
Pallas, in abstruso pignus memorabile templo,
995 gentis Iuleae uestris clarissimus aris
dat pia tura nepos et uos in sede priore
rite uocat. date felices in cetera cursus,

Δάρδανον αἰπήεσσαν, ἵν' Ἀγχίσαο πέλονται | εὐναί, ὅπου Κυθέρειαν ἐν ἀγκοίνῃσι
δάμασσεν. in c scribendum est 'siluas in quibus ⟨Venus⟩ cum eo (e *cod.*)
concumbebat' **971 sederit GUVC, seperit MP, sedit in Z**, quod si in **M**
haberetur quam cupide acciperent qui hodie uigent critici et grammatici !
973 luxerit C, 'diu fleuit' c, luserit Ω et altero loco **C**. lusus Naidum
generi, Oenonae et certo loco luctus conuenit **985** *Pharsalia nostra*, proelium a
te gestum, a me scriptum. hoc interpretes fugisse nihil mirum, quorum usus et
alter *te legent* ad Caesaris commentarios referunt **986 damnabimur** (scilicet
ego et tu) **ZMV**, -bitur **GU**, -uit nur **P** **989 turicremos MP(U)V, -feros ZG**
992 lares ZG, parens Ω **996 priore MPV, -ri ZGU.** semel Lucanus VII
162 metri causa *maiori* : altera forma passim metro munita est, uelut III 422,
IV 573, VII 134, 817, VIII 200, 271, IX 394, 1084, X 37 (ubi **MP** nihilo minus

restituam populos ; grata uice moenia reddent
Ausonidae Phrygibus, Romanaque Pergama surgent.'
1000 sic fatus repetit classes et tota secundis
uela dedit Coris, auidusque urguente procella
Iliacas pensare moras Asiamque potentem
praeuehitur pelagoque Rhodon spumante relinquit.
septima nox Zephyro numquam laxante rudentes
1005 ostendit Phariis Aegyptia litora flammis.
sed prius orta dies nocturnam lampada texit
quam tutas intraret aquas. ibi plena tumultu
litora et incerto turbatas murmure uoces
accipit, ac dubiis ueritus se credere regnis
1010 abstinuit tellure rates. sed dira satelles
regis dona ferens medium prouectus in aequor
colla gerit Magni Phario uelamine tecta
ac prius infanda commendat crimina uoce.
' terrarum domitor, Romanae maxime gentis,
1015 et, quod adhuc nescis, genero secure perempto,
rex tibi Pellaeus belli pelagique labores
donat et Emathiis quod solum defuit armis
exhibet. absenti bellum ciuile peractum est :
Thessalicas quaerens Magnus reparare ruinas
1020 ense iacet nostro. tanto te pignore, Caesar,
emimus ; hoc tecum percussum est sanguine foedus.
accipe regna Phari nullo quaesita cruore,
accipe Niliaci ius gurgitis, accipe quidquid
pro Magni ceruice dares ; dignumque clientem
1025 castris crede tuis cui tantum fata licere
in generum uoluere tuum. nec uile putaris
hoc meritum, facili nobis quod caede peractum est.

exteriori), eamque in fine uersus libri fere praestant III 427 et IV 17
997 distinxi : *date* pro protasi est, si dederitis. senserunt fortasse Grotius
aliique ; non Weisius Hosius Franckenius   inter **997** et **998** extat in
V uersus a Lucani arte metrica alienus **constituam sparsas arces replebo
ruinas   998 reddent** ZGV, -ant MPU   1000 'hic liber x incipiendus
uidetur' Guietus collato Verg. Aen. VI 1   **1003 relinquit** ZMP, -**iquit**
GUV   1014 om. Z   1022 om. P   1027 fac- nob- ZG, nob- fac- Ω

Lucan De bello civili IX

      hospes auitus erat, depulso sceptra parenti
      reddiderat. quid plura feram? tu nomina tanto
1030 inuenies operi, uel famam consule mundi.
      si scelus est, plus te nobis debere fateris,
      quod scelus hoc non ipse facis.' sic fatus opertum
      detexit tenuitque caput. iam languida morte
      effigies habitum noti mutauerat oris.
1035 non primo Caesar damnauit munera uisu
      auertitque oculos ; uoltus, dum crederet, haesit ;
      utque fidem uidit sceleris tutumque putauit
      iam bonus esse socer, lacrimas non sponte cadentis
      effudit gemitusque expressit pectore laeto,
1040 non aliter manifesta potens abscondere mentis
      gaudia quam lacrimis, meritumque inmane tyranni
      destruit et generi mauolt lugere reuolsum
      quam debere caput. qui duro membra senatus
      calcarat uoltu, qui sicco lumine campos
1045 uiderat Emathios, uni tibi, Magne, negare
      non audet gemitus. o sors durissima fati !
      huncine tu, Caesar, scelerato Marte petisti
      qui tibi flendus erat ? nunc mixti foedera tangunt
      te generis ? nunc gnata iubet maerere neposque ?
1050 credis apud populos Pompei nomen amantis
      hoc castris prodesse tuis ? fortasse tyranni
      tangeris inuidia, captique in uiscera Magni
      hoc alii licuisse doles, quererisque perisse
      uindictam belli raptumque e iure superbi

1028 parenti Ω, **-te ZG**   **1040 potens ZMU**, **potest V**, **putans G**, uix legitur **P**. 'mire Latinum facit de Graeco participium, οὐ δυνάμενοσ ἄλλωσ ' c   **1048 1049 nunc . . . nunc***, **non . . . nec** Ω, *num . . . num* Guietus. nunc demum ita adficeris ut prius adfici debuisti? frustra c intellegi iubet *quondam*, ut ex praesentibus fiant quae requiruntur praeterita, *tetigerunt* et *iussit* : quid quod sic pro *maerere* dicendum erat uelut *arma abicere*? neque melius **a** interrogatione sublata interpretatur 'non te . . . cognatio cogit ad lacrimas sed quod sic aestimas omnes tibi conciliare posse nationes', post quam adfirmationem non potuit sic pergi, *fortasse tyranni | tangeris inuidia*. diuersae lacrimarum proponuntur causae, inter quas electio non fit : tantum concluditur 1055 sqq. pietatem certe non fuisse **1052 tangeris MPU**, **angeris ZGV** haud absurde, sed uide 982 *inuidia . . . ne*

Lucan *De bello civili* IX

1055 uictoris generum. quisquis te flere coegit
impetus, a uera longe pietate recessit.
scilicet hoc animo terras atque aequora lustras,
necubi suppressus pereat gener. o bene rapta
arbitrio mors ista tuo ! quam magna remisit
1060 crimina Romano tristis fortuna pudori,
quod te non passa est misereri, perfide, Magni
uiuentis ! nec non his fallere uocibus audet
adquiritque fidem simulati fronte doloris :
' aufer ab aspectu nostro funesta, satelles,
1065 regis dona tui. peius de Caesare uestrum
quam de Pompeio meruit scelus ; unica belli
praemia ciuilis, uictis donare salutem,
perdidimus. quod si Phario germana tyranno
non inuisa foret, potuissem reddere regi
1070 quod meruit, fratrique tuum pro munere tali
misissem, Cleopatra, caput. secreta quid arma
mouit et inseruit nostro sua tela labori ?
ergo in Thessalicis Pellaeo fecimus aruis
ius gladio ? uestris quaesita licentia regnis ?
1075 non tuleram Magnum mecum Romana regentem :
te, Ptolemaee, feram ? frustra ciuilibus armis
miscuimus gentes, siqua est hoc orbe potestas
altera quam Caesar, si tellus ulla duorum est.
uertissem Latias a uestro litore proras :
1080 famae cura uetat, ne non damnasse cruentam
sed uidear timuisse Pharon. nec fallere uosmet
credite uictorem : nobis quoque tale paratum
litoris hospitium ; ne sic mea colla gerantur
Thessaliae fortuna facit. maiore profecto

tangere   **capti Ω, capiti ZP**   **1061 perfide Ω, -da Z** probante Heinsio, quod collatis Verg. Aen. II 79 sq. defendi posset si de Fortuna dea ac non de tristi fortuna sermo esset   **1063** *simulati fronte* recte coniunxit Grotius, aliter enim ca   **1080 uetat Ω, monet C**   **1081 uosmet Ω,** quod reduxit Oudendorpius, **uos me ζ** et edd. plerique, quod se non legisse testatur c. *uosmet* inter poetas Vergilius Aen. I 207, *nosmet* Lucretius III 627 et bis in satura Horatius, *temet* Manilius III 324 et octiens in tragoedia Seneca   **1083 ne GUV, nec ZMP,**

1085 quam metui poterat discrimine gessimus arma :
exilium generique minas Romamque timebam :
poena fugae Ptolemaeus erat. sed parcimus annis
donamusque nefas. sciat hac pro caede tyrannus
nil uenia plus posse dari. uos condite busto
1090 tanti colla ducis, sed non ut crimina solum
uestra tegat tellus : iusto date tura sepulchro
et placate caput cineresque in litore fusos
colligite atque unam sparsis date manibus urnam.
sentiat aduentum soceri uocesque querentis
1095 audiat umbra pias. dum nobis omnia praefert,
dum uitam Phario mauolt debere clienti,
laeta dies rapta est populis, concordia mundo
nostra perit. caruere deis mea uota secundis,
ut te conplexus positis felicibus armis
1100 adfectus a te ueteres uitamque rogarem,
Magne, tuam dignaque satis mercede laborum
contentus par esse tibi. tunc pace fideli
fecissem ut uictus posses ignoscere diuis,
fecisses ut Roma mihi.' nec talia fatus
1105 inuenit fletus comitem nec turba querenti
credidit : abscondunt gemitus et pectora laeta
fronte tegunt, hilaresque nefas spectare cruentum,
o bona libertas, cum Caesar lugeat, audent.

fortasse *neu* (et, ne gerantur, facit), ut x 232 **1090 solum** Ω, **tantum ZV**
1097 1098 dist. Weisius ; peius quam ceteri Hosius, qui cohaerentia distrahit,
coniugat diuersa **1100 a** Ω, **abs V** **1102** dist. Grotius, quam inter-
punctionem prauissime Cortius sustulit, ut haec efficeretur sententiarum
copulatio, *caruere deis mea uota secundis fecissem que ut posses ignoscere,*
inutile autem ac potius uitiosum fieret *tunc* aduerbium. uerus ordo hic
est : *ut rogarem adfectus ueteres uitamque tuam* (ut uiuere uelles) *parque esse
tibi* (ut tibi par essem, non prior), sic *contentus* futurus *digna satis mercede
laborum*. *rogarem par esse* ut Verg. Aen. vi 313 *orantes primi transmittere
cursum* ; uide etiam huius libri 1037 sq. *tutumque putauit | iam bonus esse socer*

Commentary

The scene is the coast of Egypt in 48 B. C., at the funeral pyre of Pompey. The general, accompanied by his wife Cornelia, had hoped to find refuge in Egypt after his defeat by Caesar at the battle of Pharsalus, but instead was murdered by agents of King Ptolemy. Lucan begins with a description of Pompey's spirit ascending to the orbit of the moon, where the Stoics taught that just men lived on after death.

1. **Pharia**: "Egyptian," modifying *fauilla*. The adjective derives from the famous lighthouse built on the island of Pharos by Ptolemy Philadelphus; an example of the rhetorical figure synecdoche, by which the part stands for the whole or the whole for the part.
   manes: "spirit of the dead," always plural in form; note that the first vowel is long, while that in *manus*, "hand" is short.
   iacuere = *iacuerunt*. This form of the perfect is attractive to epic poets as metrically convenient at the end of the hexameter.
2. **tantam**: "so great," juxtaposed with *exiguus* for effect.
3. **busto**: ablative of place from which. As with the ablative of place where, the preposition is often omitted in poetry.
   semustaque: "half-burned" < *semi-* and *uror*.
4. **degeneremque rogum**: second object of *relinquens*. The pyre is unworthy of the great Pompey. There is perhaps also a pun on the noun *gener*, "son-in-law" – Pompey married in 59 as his fourth wife Caesar's daughter Julia, who died in 54.
   sequitur: historical present, occurring often throughout.
   conuexa: "vaults," referring to the heavens.
   Tonantis: "the Thunderer," a cult title of Jupiter.
   qua: "where," which Lucan prefers to *ubi*.
5. **niger aer**: Scan *aer* as two long syllables. Lucan assumes an astronomical system in which the planets and fixed stars occupy orbits around a stationary earth in the following order: Moon, Mercury, Sun, Mars, Jupiter, Saturn, Fixed Stars. The space between the earth and the moon is filled with dark, sluggish air, as opposed to the fiery aether that begins at the moon's orbit, home to virtuous men.
   astriferis ... axibus [< *axis*]: "star-bearing poles," i.e., the assembly of eight celestial spheres that carry the planets and fixed stars; dative with *conectitur*.
6. **quodque** = *idque quod*. Further defines *niger aer*.
   terras inter: Note the placement of a disyllabic adverb used prepositionally after the noun. The technical term for this is anastrophe.
   meatus: "wanderings," here "orbits,"; accusative plural.

1

7. **manes:** See on 1; here plural in sense.
   ignea uirtus: The Stoics taught that fire was the first principle of the universe and the human soul; "fiery virtue" thus allows a soul to endure the heavenly aether.
8. **innocuos uita:** "innocent in life," in apposition to *quos*. The adjective is followed by an ablative of respect.
   patientes < *patior*, "endure" + objective genitive; predicative after *fecit* (9).
   aetheris imi: See on 5; *imi* < *imus*, "lowest."
9. **aeternos ...orbes:** the celestial spheres.
   animam: Supply *quorum*.
   collegit: *ignea uirtus* (7) remains the subject.
10. **auro:** "gold (sarcophagus)"; ablative of place where.
    ture < *tus, turis*, "incense"; instrumental ablative.
12. **inpleuit:** The subject is the shade of Pompey.
    stellasque uagas: the planets between the moon and the sphere of the fixed stars.
13. **polis** < *polus*, "pole," by synecdoche "sky."
    quanta sub nocte: See on 5.
    iaceret: subjunctive in an indirect question of the exclamatory type (AG 573-74).
14. **sui ludibria trunci:** "mockery (done to) his trunk"; objective genitive; "trunk" because Pompey had been beheaded and his limbs mangled in the rocky surf.
15. **Emathiae:** "Thessaly." Emathia is properly a district in Macedonia, but is used in poetry to mean Thessaly by the figure metonymy, in which one name is employed for another when there is some connection between them, in this case geographical proximity.
16. **sparsas [** < *spargo* **] ... classes:** "scattered ships," i.e., those of the other refugees.
17. **scelerum:** i.e., the crimes of Caesar.
    uindex: "avenger"; in apposition to the spirit of Pompey, the subject understood.
    Bruti: M. Junius Brutus, an ally of Pompey in the Civil War, but after Pharsalus pardoned by Caesar, whom he and a group of conspirators murdered in 44.
18. **mente:** ablative of place where.
    Catonis: M. Porcius Cato (sometimes called Cato the Younger or Cato Uticensis; great-grandson of Cato the Censor), devoted follower of Stoic philosophy and implacable enemy of Caesar. When the republican cause was lost in 46, he committed suicide at Utica on the north African coast. Older scholarship considered Cato the moral hero of Lucan's poem; recent

Lucan *De bello civili* IX

work views him more ambiguously, as a character tending towards destructive monomania.
19. **ille**: i.e., Cato.
casus: "fortunes"; nominative plural.
dubiumque manebat: "and it remained uncertain."
20. **dominum**: predicative after *facerent*, which is subjunctive in an indirect question.
21. **oderat**: imperfect indicative of the defective verb *odi, odisse*, "hate."
et: "also," i.e., in addition to Caesar.
Magnum: Pompey assumed the cognomen Magnus in 81 or 80 after his African campaign against the partisans of Marius.
isset: = *iuisset*: syncopated form < *eo, ire*, "go."
22. **auspiciis ... ductuque**: "guidance [OLD s.v. 4] ... and leadership"; ablatives of means.
senatus: genitive depending on *ductu*.
23. **Thessalicas clades**: "Thessalian disaster," i.e., the battle of Pharsalus. Use of the plural for the singular is very common in poetry ("poetic plural.")
24. **carentem** < *careo*, "need, lack" + an ablative of separation.
26. **ignauis manibus** [< *manus*, "hand"]: probably ablative of means after *proiectos* rather than dative after *reddidit*.
28. **seruire**: "to be a slave." Lucan wishes to emphasize Cato's personal as well as political disinterest.
28. **causa ... sua** (29): "for his own sake"; ablative of cause.
29. **totae ... partes**: "the whole faction." Both the singular and plural of *pars* are used in this sense (OLD s.v. 16a-b), the plural being normal in prose. After the death of Pompey, Cato would inherit his faction under the single banner of liberty.
30. **quas**: connecting relative; *partes* is the antecedent.
30-1. **ne ...colligeret**: negative purpose clause.
31. **uictoria Caesaris**: i.e., "victorious Caesar"; subject of *colligeret*.
actu: "progress, forward motion, activity." Caesar was famous for his *celeritas*.
32. **Corcyrae secreta**: "recesses of Corcyra." Corcyra is a large island in the Ionian Sea opposite Epirus.
carinis: "hulls," here "ships" by synecdoche; ablative plural.
33. **Emathiae**: See on 15; here the adjective "Thessalian."
34. **quis ... crederet**: "Who would believe...(if he were to see it)?" Subjunctive in a conditional sentence with the protasis suppressed, called the potential subjunctive, subjunctive of conditioned futurity, or as here in the interrogative form the repudiating question (AG 445-47). The emphasis falls on *fugientia*.
35. **pelagus**: "sea"; neuter accusative; object of *artasse* = *artauisse* < *arto*, "hem in, congest." Note the paradox that fear drives the defeated fleet

together even on the open sea.

36ff. These lines describe the passage of Cato to north Africa, where he reassembled the Pompeian forces. They contain a number of proper nouns and adjectives, traditional ornaments of the elevated epic style, and especially characteristic of Lucan.

36. **Dorida** < *Doris, -idis*, "Doric"; Greek accusative. Students are encouraged to review the Greek declensions in Latin, common in the whole of Book 9, especially with proper nouns. (Note that the Greek genitive and dative plurals are not found in Lucan.) See AG 44, 52, and 81-3.
Malean: Greek accusative. Cape Malea is at the southernmost tip of the Peloponnese, which was settled by Doric Greeks.
apertam Taenaron umbris: "Taenarus, open to spirits," where (on a promontory west of Malea) there was said to be an entrance to the underworld. *Taenaron* is a feminine Greek accusative.

37. **inde**: "then, next."
Cythera: Cythera, an island (modern Cirigo) facing Malea and Taenarus sacred to the goddess Venus; neuter plural.
Boreaque ... carinas: "with the north wind speeding the ships"; present ablative absolute.

38. **Graia**: H.'s emendation for the MSS' contradictory *Creta*; like *Dictaea*, modifies *litora* (39). He hugs the mainland and shuns Crete.
Dictaea: "Cretan," from Mt. Dicte in Crete.
legit: "sails along"; transitive.

39. **ausum** < *audeo*, "dare." The participle is active since the verb is semi-deponent; like *meritum* (40) it modifies *Phycunta*.
portus: accusative plural.

40. **inpulit** < *inpello*, "strike," here "break into."
Phycunta: Greek accusative. Phycus is a promontory in Cyrenaica in north Africa.

41. **sparsit** < *spargo*, here "plunder."
alto: "the deep (sea)"; ablative of way by which (AG 429a).

42. **Palinure** < *Palinurus*; vocative. Palinurus was the helmsman of Aeneas, after whom Cape Palinurus in Italy was named (cf. *Aeneid* 5.827-71 and 6.337-83.) In the lines that follow Lucan refers to a place in Africa supposedly of the same name, but in fact the African cape was called Paliurus.
tantum: "only."

43. **Ausonio**: "Italian."
portusque: After a negative *–que* often has the adversative force "but" (AG 324d note); accusative subject of *placuisse* (44).

44. **testatur** < *testor*, "give witness."
Libye: nominative; scan u u –. The word refers to a specific territory, and is also used generally to mean north Africa.

Lucan *De bello civili* IX

Phrygio ... magistro: "Trojan pilot," i.e., Palinurus.
45ff. Strange ships are seen at a distance.
46. **ancipites** < *anceps*, "in doubt, doubting"; proleptic with *animos*: "kept their minds in doubt."
46-7. **-ne ... an:** marks a double or alternative question (AG 335).
47. **ueherent:** subjunctive in an indirect question.
timendum: gerundive used to indicate necessity; predicative after *facit*.
praeceps ...uictor (48): i.e., Caesar.
48. **in nulla ... carina:** "in no ship is he not believed to be," i.e., "he is believed to be in every ship." To assert the positive by denying the negative is the figure called litotes.
49. **ast** = *at*.
puppes: "sterns," hence "ships"; see on 32.
luctus planctusque: "grief and beating of the breast," i.e., "lamentation"; accusative poetic plurals.
50. **uel:** "even," taken closely with *duri*.
motura < *moueo*; modifies *mala* and governs *lacrimas*. Here, as often in Silver Latin, the future participle has the meaning "able to."
51. **Cornelia:** Pompey's fifth wife, the daughter of Metellus Scipio. She had previously been married to the younger son of M. Licinius Crassus, third member of the first triumvirate, whose death she refers to in lines 65 and 68 below. The action of lines 51ff. took place before the encounter with Cato's forces, which is anticipated in lines 45-50 and continued in 120ff. Cornelia witnessed Pompey's murder by Ptolemy's men in 8.579-662. Still in her own ship, she delivers the long speech beginning at 55, which in its series of agitated rhetorical questions gives a good example of Lucan's dramatic style.
frustra: Cornelia postponed flight in vain because the body of Pompey was not, as she had hoped, washed back to her boat. See H.'s apparatus.
52. **priuignique:** "stepson," Sextus Pompeius, the younger of Pompey's two sons by his third wife, Mucia.
tenuit: "held back."
forte: "by chance"; adverb.
53. **litoribus Phariis:** ablative of separation after *repulsus* (52); see also on 1.
remearet < *remeo*, "return," here "float back"; subjunctive in a negative purpose clause.
truncus: i.e., the mutilated body of Pompey; see on 14.
54. **non iusti ... sepulchri:** "improper burial"; see 8.713-872. Pompey's body was burned without ceremony on the shore by a soldier Lucan calls Cordus.
flamma: subject of *ostendit*.
55. **ergo:** "so it seems that...," introducing an emotional statement (OLD s.v.4).

Lucan *De bello civili* IX

Fortuna: Fors Fortuna was an old Italian goddess of fertility later identified with the Greek *Tyche*. Together with *fatum*, *fortuna* is the presiding force in Lucan's poetic world.
marito: "husband"; dative of advantage.

56. **accendisse** < *accendo*, "kindle." This infinitive and those following to *inplere* (60) are governed by *indigna* (55). In poetry the perfect infinitive is often interchangeable with the present.
gelidosque ... per artus: "upon (his) cold limbs."
effusa < *effundo*; here figuratively in the passive, "stretched out."

57. **incubuisse** < *incumbo*, "lie upon," + dative.
laceros ... crines < *lacer*, "torn." The Roman widow would place a lock of her hair on the pyre of her husband. The plural usage of *crinis* is common in both prose and poetry.

58. **dispersi** < *dispergo*, "scatter." The participle should logically modify *membra*: Cornelia wanted to be the one to collect Pompey's limbs, which she imagines as strewn over the sea.

59. **uolneribus**: archaic spelling of *uulneribus* (AG 6a).
fletus: "weeping, tears." As with *crines* (57), the plural is normal in prose and poetry.

60. **uestes**: Cornelia's own gown. The plural is poetic and also occurs in post-Augustan prose.

61. **quidquid ... licuisset tollere**: object of *sparsura* (62); *licuisset* is potential subjunctive: "it might have been permitted."

62. **sparsura**: future participle < *spargo*, "for the purpose of sprinkling; intending to sprinkle." Use of the future participle to indicate purpose is very common in Silver Latin (AG 499.2). See also on 50.
deum: alternate genitive plural form of *deorum*.

63. **Aegyptia**: the adjective "Egyptian."

64. **graue**: "painful."
manibus: dative plural of *manes*; see on 1.
o bene nudi = *o bene factum quod nudi sunt*, a paradox, since to be unburied is normally a curse. See H.'s apparatus ad loc.

65. **Crassorum**: Both Crassus and his son were killed by the Parthians at the battle of Carrhae in 53; see on 51.
contigit < *contingo*, "touch," here "be granted to" + dative.

66. **inuidia maiore**: ablative of means or cause. The gods were more spiteful to Pompey either because they allowed his body to be burned (H.), or because of the general's ignominious burial (S.B.). See the respective apparatuses ad loc.

67. **mihi**: dative of possession.
iusta: "funeral offerings" (OLD s.v. 3b); object of *dare*.

68. **plenas**: because containing the ashes of the dead.

69. **quid**: "why?"

	opus est: "there is need of" + ablative.
70.	**instrumenta**: "equipment," here "outward show."
	portas: *Pompeium* (71) is the object.
71.	**inpia**: vocative; Cornelia upbraids herself for lack of absolute devotion.
72.	**quaerat**: jussive subjunctive.
	uictura: future participle < *uiuo*, "live."
	superstes: "survivor"; nominative singular. Only a wife who intends to live after the death of her husband need be concerned with his ashes.
73.	**qui**: *ignis* (74) is the antecedent.
75.	**tui**: partitive genitive depending on *aliquid* (74).
77.	**fumus**: "smoke."
	carbasa: "canvas," hence "sails"; accusative. This second declension noun is normally feminine in the singular, neuter in the plural.
83.	The MSS vary on the placement of this verse; some omit it altogether. H. feels that it explains why the winds of 77 are *inuisi* to Cornelia. See his apparatus ad loc.
	siqua fides ... "if there is any faith," i.e., "if I may be believed." The simple *qua* is used for *aliqua* after *si*, as in 78.
	Pelusia: "Egyptian," from the city of Pelusium at the mouth of the Nile.
78.	**mihi**: after *gratior* (80).
79.	**uicta** < *uinco*, "conquer"; modifies *tellus* (78).
	non ... currus: "nor his chariot wearing away the steep Capitoline (Hill)," referring to the triumph of a Roman general. *Capitolia* is a poetic plural, especially useful metrically and hence common with neuter nominatives and accusatives.
80.	**gratior**: "more pleasing," sc. than this land.
	elapsus ... Magnus: Supply *est*; *elapsus* < *elabor*, "pass away."
81.	**hunc**: in contrast with *felix Magnus* (80).
	terraeque nocenti: dative after *non haerere* (82); *nocenti* < *noceo*, "harm."
82.	**queror**: "lament, complain."
	crimen: usually "charge" in republican authors; here "offense."
84:	**signa ... paterna moue** (85): "move the paternal standards," i.e., continue your father's war.
85.	**Sexte**: See on 52.
86.	**condita** < *condo*, "store up"; modifies *haec mandata* (85).
87.	**damnauerit** < *damno*, "condemn to" + dative; future perfect indicative in a *cum* temporal clause (AG 547).
89.	**stirpe** < *stirps*, "stock."
90.	**Caesaribus ...uacet**: "be room for Caesars to reign"; jussive subjunctive with *nec* (*neu* or *neve* would be expected) *umquam* (88).
	sceptra: "kingdoms."
91.	**libertate sua**: ablative of specification after *ualidas*.

Lucan *De bello civili* IX

fama: ablative of means.
92. **partes**: here, "role," the plural usual in this sense (OLD s.v. 9).
93. **quisquis Pompeius**: i.e., anyone bearing the family name. Sextus Pompey was finally defeated by Octavian in 36.
94. **uenerit**: future perfect indicative.
    nullis non: See on 48.
95. **tantum**: See on 42.
96. **iuris**: "power."
    uni: "one (man)"; dative after *parere* and in apposition to *Catoni* (97).
97. **faciet partes**: "make a faction," i.e., take sides. See on 29.
98. **exsolui ... fidem**: "I have fulfilled (my) vow."
99. **ualuere** = *ualuerunt*: See on 1.
    uixi < *uiuo;* see on 72.
100. **ne ... auferrem** < *aufero*, "take away wrongfully"; negative purpose clause. Cornelia says that Pompey entrusted her with this message for his sons in order to keep her from committing suicide after his death.
    perfida: quasi-proleptic. Cornelia would be treacherous if she had died with Pompey's message undelivered.
    uoces = *uerba*.
101. **iam nunc**: "already now."
    te: object of *sequar* (102).
    chaos: "darkness below"; neuter accusative of the Greek noun.
    Tartara: "the underworld"; neuter plural.
102. **si ... ulla**: sc. *Tartara*: "if any underworld exists."
    quam longo [= *longinquo* (H.)] **tradita leto**: "handed over to how distant a death"; *tradita* agrees with the understood subject of *sequar*. S.B. gives *longo* its ordinary meaning and understands *leto* figuratively as a lifelike death for the widowed Cornelia. The sense would then be: "I will finally in fact die after an uncertain period of living death." See both editors' apparatus ad loc.
103-4. **poenas ... feram**: "first I shall pay the penalty for a living soul from itself"; i.e., she will pay for being alive (*animae uiuacis*, genitive of charge) after Pompey's death by staying alive (*ab ipsa* [sc. *anima*]).
104. **potuit**: As with *peribit* (105) and *effluet* (106), the subject is the *anima* of Cornelia.
105. **planctu** < *planctus*, "beating (the breast), lamentation."
    contusa < *contundo*, "crush, bruise."
    peribit < *pereo*, "perish." Cornelia will pine away rather than kill herself.
107. **inania**: "the empty (air)"; neuter plural.
    iactus: "leaps"; accusative plural.
108. **non posse**: complement of *turpe* (*est*): governs *mori*.
109. **ubi**: "when."
    fata < *fari*, "speak"; supply *erat*: "when she had spoken thus."

Lucan *De bello civili* IX

   ferali ... amictu: "veil of mourning."
110. **decreuitque** < *decerno*, "decide."
   puppisque: genitive singular depending on *cauernis*.
111. **delituit** < the incohative verb *delitesco*, "conceal oneself."
   arte: "closely," adverb from the adjective *artus*; scan – – .
112. **perfruitur** < *perfruor*, "enjoy fully" + ablative.
113. **rudentibus**: with *stridens*: "shrieking in the rigging."
   Eurus: most precisely the southeast wind, but used in poetry as a general word for wind.
114. **exurgens** < *ex(s)urgo*, "rise up." The shouting of the sailors matches the degree of danger they face.
115. **contraria**: The sailors prayed for safety, Cornelia for the opposite.
116. **conposita in mortem**: "ready for death," or perhaps "having assumed the attitude of a corpse."
   fauitque < *faueo*, "favor" + dative.
117. **Cypros** (f.): "Cyprus"; Greek nominative.
118. **pelagus**: accusative object of *tenens*; see on 35.
119. **Libycas**: "Libyan," hence "African."
120. **ut**: "as, since," with the indicative in this meaning (OLD s.v. 21).
   praesaga: "anxious, foreboding."
121. **Magnus**: Pompey's elder son Gnaeus, in Cato's camp.
123-4. **summa ["summit"] caputque orbis**: sc. Pompey.
124. **occidimus** < *occido*, "perish."
   Romanaque: "Roman things," i.e., "Rome and all that belongs to Rome"; object of *abstulit* (125).
   Magnus: Pompey himself.
125. **quem contra ... frater**: "to whom his brother replied the following."
127. **nefas**: "the unspeakable; abomination"; indeclinable noun, object of *audis*.
   nocentis = *nocentes*, modifying *oculos*.
128. **spectato genitore**: ablative absolute: "(our) father having been seen," i.e., "with his death having been seen."
129. **occubuit** < *occumbo*, "succumb to" + dative; a poetic usage.
   dignoque ... auctore: ablative of agent.
130. **Nilotica**: "of the Nile," hence "Egyptian."
131. **hospitii ... superis**: "gods of hospitality," chiefly Jupiter as the Roman equivalent of *Zeus Xenios*, protector of guest-friends.
   fretus: "relying upon" + ablative.
131-2. **munere ... proauos**: "so great a favor (done) for his ancestors." With Pompey's support in 55, A. Gabinius restored Ptolemy's father Ptolemy XII Auletes to the Egyptian throne.
132. **donati ... regni**: "the kingdom granted (by him)."
133. **lacerantes** < *lacero*, "wound"; modifies Ptolemy's agents understood.
134. **Pharium ... tyrannum**: sc. Ptolemy, subject accusative after *credens*.

9

Lucan *De bello civili* IX

tantum potuisse: "had so much power"; *tantum* is a cognate accusative (AG 390c). Contrast Ptolemy's disputed kingship with Caesar's military success.
135. Niliaco = *Nilotico*; see on 130.
socerum: "father-in-law," sc. Caesar (see on 4); subject accusative after *putaui*.
iam: "already."
136. tantum: "so much," coordinated with *quantum* (137), "as."
nostri ... senis (137): "our aged (father)." Pompey was 58 when he was killed.
138. ora: "head," by synecdoche; poetic plural < *os, oris*.
transfixo ... pilo: "on a lance thrust through it," a rare and poetic usage of *transfigo* (OLD s.v. 2).
sublimia: "raised on high."
139. haec: neuter plural modifying *ora* (138).
fama est: governs in indirect discourse *haec seruari* (140) and *quaesisse* (= *quaesiuisse*) *tyrannum* (140).
oculis: "for the eyes," i.e., "sight."
140. scelerisque fidem: "proof of the crime."
141-2. -ne ... an: introduces a double indirect question after *ignoro* (143).
143. iniuria fati: "injustice of destiny." Lucan uses *fatum* sometimes with the general meaning "destiny," sometimes in the specific sense of "death" (OLD s.v. 6).
144. dono: "I forgive" + accusative of the thing and dative of the person (OLD s.v. 5b).
145. seruata de parte queror: Cornelia protests not at the fate of Pompey's body, but the embalming and display of his head.
Magnus: See on 121.
146. audisset = *audiuisset*.
147. iustaque ... pietate: ablative of means; for the force of *-que* see on 43.
148. praecipitate: "send out in a hurry" (OLD s.v. 6c); imperative.
149. erumpat: jussive subjunctive with *classis* as subject.
remige: "rower", ablative of means.
150. ite: imperative; see on 21.
ciuilibus armis: "arms of citizens," i.e., civil war.
151. merces < *merx, mercis*, "pay, reward."
condere: like *satiare* (152) infinitive of purpose after *ite*, a common construction in poetry (AG 460c).
manes: here, the body of the dead (OLD s.v. 2b).
152. semiuiri: "unmanly." The splendor of Eastern courts traditionally prompted charges of effeminacy from Romans.
153ff. Gnaeus says that he will profane the sacred tombs of Egypt in retribution for Pompey's lack of one.

153. **Pellaeas arces**: "the Pellaean citadel" (poetic plural), i.e., Alexandria. Pella is a city in Macedonia, and because the first Ptolemy was one of Alexander the Great's Macedonian generals, Latin poets often use Pellaean as a synonym for Egyptian.
adytisque < *adytum*, "shrine" (poetic plural); ablative of separation with *retectum* (< *retego*, "uncover") *corpus* (154).
154. **Alexandri**: Alexander the Great.
pigra Mareotide: "sluggish Mareotis"; ablative of place where, the Greek noun naturalized with a Latin ablative ending. This lake served as the port of Alexandria.
mergam < *mergo*, "sink."
155. **pyramidum** < *pyramis, -idis*, "pyramid."
euolsus = *euulsus* < *euello*, "tear out" + ablative of separation.
Amasis: a famous pharaoh of the 6th century B.C.
156. **Nilo torrente**: "the rushing Nile," ablative of place where.
natabunt < *nato*, "swim."
157. **dent poenas** < *dare poenas*, "pay the penalty"; jussive subjunctive.
nudo: i.e., "unburied" (OLD s.v. 5).
Magne: vocative; from now on referring to Pompey.
158. **euoluam** < *euoluo*, "roll out."
iam ... Isim: "Isis, now a god for (all) peoples." Worship of Isis, wife and sister of Osiris, spread throughout the Mediterranean in the Hellenistic period, and hers became one of the most important of the mystery cults.
159. **tectum lino ... Osirim**: "Osiris, covered with linen." Statues of Osiris were draped in linen in memory of the mythic cloth used by Isis to collect his scattered limbs. The suggestion is that young Pompey intends to scatter them again.
uolgus: = *uulgus*; see on 59.
160. This line was removed by the Enlightenment scholar Richard Bentley as a marginal gloss; H. notes the awkward interruption of direct address in *Magni cineres*.
in: "for."
Apis: the sacred bull of Memphis.
161. **suppositisque deis**: "the gods placed below," i.e., with the bodies of Egyptian gods as fuel for the pyre; ablative absolute.
uram < *uro*, "burn."
caput: sc. that of Pompey.
162. **uacuos**: "empty (of)," here with the ablative of the thing removed (AG 402a).
163. **cui**: dative of advantage; supply *quisquam* as antecedent.
crescat < *cresco*, "increase," here "rise" in the river's annual crop irrigating floods; subjunctive in a relative clause of characteristic.
164. **Aegypton**: Greek feminine accusative noun.

Lucan *De bello civili* IX

> **populis ... fugatis**: ablative absolute; *fugatis* < *fugo*, "put to flight."
165. **rapiebat**: "was trying to launch"; conative imperfect (AG 471c).
166. **laudatam ... conpescuit**: an example of Latin's tendency to subordinate ideas that would be coordinate in English. We might say "Cato praised and restrained."
> **iuuenis**: genitive singular.
167. **totis ... litoribus** (168): ablative of place where; poetic plural.
168. **percussus** < *percutio*, "strike."
> **aether**: here in a non-technical sense as a synonym for *aer* (see on 5).
169. **exemploque**: "precedent" (OLD s.v. 5).
> **nulli cognitus aeuo**: "known to no (other) age."
170. **populos deflere**: "that the common people mourned"; accusative and infinitive in apposition to *luctus*.
> **potentis**: sc. *Magni*; genitive singular.
171. **sed magis**: with *plangunt* (173).
> **ut**: "when" + indicative (AG 543).
> **uisa est**: a true passive; Cornelia (172) is the subject.
171-2. **solutas ... effusa comas**: "having spread out her loosened hair." The perfect passive participle may function like the Greek middle and take an accusative object (AG 397c).
173. **geminato uerbere**: ablative absolute; another reference to mourning by striking the body.
174. **ut primum**: "as soon as."
> **sociae ... terrae**: sc. north Africa, where Cato had his camp.
176. **inpressas** < *inprimo*, "stamp"; modifies *exuuias* (177).
> **gesserat** < *gero*, "wear" (OLD s.v. 1b).
177. **exuuias**: "garments" (spoils stripped from the dead, OLD s.v.1).
> **pictasque** < *pingo*, "adorn, paint," here "embroider."
> **uelamina** < *uelamen*, "garment."
> **summo ... Ioui** (178): "Three times seen by highest Jupiter"; a reference to Pompey's triple triumphs. At the end of a triumphal procession the general would ride in his chariot up to the temple of Jupiter Capitolinus (cf. 79).
178. **funestoque ... igni**: i.e., the funeral pyre.
179. **ille ... cinis**: "That was the ash of Magnus for the wretched (woman)," i.e., she could not burn his body, but must be content with burning his personal possessions.
179. **omnis ... pietas** (180): a very strained expression for "every loving heart."
181. **Thessalicis manibus**: "the Thessalian shades," i.e., those killed at Pharsalus, who received memorial funeral pyres. See also on 23.
182ff. A pastoral simile from the Italian landscape.
182. **depastis ... campis**: ablative of place where; *depastis* < *depasco*, "graze upon."
> **summittere**: "grow"; depends on *parans* (183).

Lucan *De bello civili* IX

183. **hibernas ... herbas**: "winter grasses," i.e. fodder for the livestock during the winter.
      Apulus: "an Apulian (farmer)." Apulia is in the southeastern part of Italy from Mt. Garganus (184) to Calabria.
185. **Volturis**: genitive depending on *arua* (184). Mt. Voltur is near Venusia, the birthplace of Horace.
      buceta < *bucetum*, "cow pasture."
      Matini: Mt. Matinus, at the foot of Mt. Garganus.
186. **gratius**: the comparative adverb.
      umbras: plural by analogy with *manes*.
187. **omne**: modifies *uolgus*.
      quod: "the fact that"; introduces a substantive clause which is the subject of *peruenit* (186).
      in: "against."
188. **obicit** < *obicio*, "throw up" x (accusative) "to" y (dative); i.e., "reproach" (OLD s.v. 10).
      quam: "than," after *gratius* (186).
189. **ueri**: depends on *pleno*, "full of truth."
190. **obit** < *obeo*, "die."
      multum: adverb modifying *inpar*.
      maioribus: "(our) ancestors."
191. **nosse modum iuris**: "in knowing the limit of authority." The infinitive is explanatory or epexegetic (AG 461) after *inpar* (190).
192. **cui**: *aeuo* (191) is the antecedent.
      iusti reuerentia: "regard of (for) justice"; *iusti* is an objective genitive.
192-3. **salua libertate ... plebe parata**: ablatives absolute.
193. **potens**: The verb is *erat* (195), to be supplied with each of the three clauses.
      solus: "he alone."
194. **priuatus**: "a private citizen."
      seruire: governed by *parata* (193).
      sibi: "him," referring to Pompey. Although *plebs* (193) is the grammatical subject of the ablative absolute, Pompey remains so psychologically, hence the reflexive.
194-5. **rectorque ... regnantis**: "ruler of the senate, but of a ruling senate," i.e., Pompey respected republican institutions.
195. **nil** = *nihil*, and is the more common form in poetry; object of *poposcit* < *posco*, "demand."
      belli iure: "right of conquest"; ablative of means.
196. **quaeque**: object of the first *uoluit*.
197. **retentis** < *retineo*, "hold back"; ablative of comparison after *plura*.
198. **intulit**: sc. into the treasury.
      inuasit < *inuado*, "seize."

Lucan *De bello civili* IX

       norat = *nouerat*: "knew (how)."
199. **praetulit arma togae**: "he preferred arms to the toga," i.e., warfare to civil life, perhaps contrasting with Cicero's *cedant arma togae*, a much derided fragment from his epic poem *De consulatu suo*.
200. **iuuit** < *iuuo*, "please." The subject is *potestas*, modified by *sumpta* and *dimissa*.
201-2. Understand *erat* in each clause.
202. **fortuna**: ablative of means.
       clarum ... nomen: Understand *erat*, "(His) was a famous and honored name."
203. **gentibus**: sc. the foreign nations, particularly in the east, whose affairs Pompey had settled.
       quod: "(one) which"; *nomen* (202) is the antecedent.
       multum ... proderat: "was of much benefit"; *proderat* < *prosum* + dative. On the use of *multum* cf. AG 390c.
204. **Sulla Marioque receptis**: sc. within the city's walls; ablative absolute. Cato finds the actual end of republican liberty in the struggles between Sulla and Marius for dominance in the early 1st century B.C.
205. **libertatis**: depends on *fides* (204); objective genitive.
       rebus: ablative of separation.
206. **ficta** < *fingo*, "feign, simulate." The contrast is with *uera* in 204: true liberty had been extinguished for forty years; with Pompey dead its semblance was gone as well.
       non iam: "no longer."
       regnare: "to reign" in the manner of a *rex*, a name hated in Rome since the expulsion of the Tarquins.
207. **color imperii**: "appearance of legal authority"; *imperium* has its technical republican sense.
       Frons ... senatus: "pretense (cf. OLD s.v. *frons* 4b) of the senate"; i.e., no one will again bother using the optimate rhetoric of the republic to mask his personal ambition.
208. **summa**: "final."
       obuia: "at hand" + dative.
209. **cui**: dative after *obtulit*.
       quaerendos ... enses: "the sword (poetic plural) that must have been sought"; i.e., Pompey should have committed suicide had he not been killed.
       Pharium scelus: "the Egyptian (see on 1) crime," i.e., the murder of Pompey.
210. **forsitan**: "perhaps" + subjunctive.
211. **scire mori**: "to know how to die"; complement of *sors prima* (*est*). *prima* here = *optima* (OLD s.v. 13).
       set = *sed*.

Lucan *De bello civili* IX

cogi: Supply *mori*.
212. **mihi**: dative of advantage after *fac (*213).
fatis: ablative of means.
aliena in iura: "into another's power."
213. **fac talem ... Iubam**: double accusative, "make Juba such a one"; i.e., let Juba kill me as Ptolemy did Pompey. For Juba, the king of Numidia, see on 300 below.
hosti: sc. Caesar; dative after *seruari* (214).
214. **dum** = *dummodo*, "provided that" + subjunctive.
ceruice recisa: ablative absolute; *ceruice* < *ceruix*, "neck," also "head" (OLD s.v. 1d).
215. **maior ... mortis honos** (217): "greater honor in death"; objective genitive; *honos* = *honor*.
215. **sonarent**: The transitive use of the verb with *laudes* (216) is unusual.
216. **rostra**: "speaker's platform"; nominative plural < *rostrum*, "beak (of a ship)." The platform was so named because the captured beaks of enemy ships were displayed there in 338 B.C.
generosam: "noble."
217. **fremit**: "angrily resounded."
218. **piget**: impersonal, "it irks" + genitive of the thing, i.e., "they are irked by..."
219-20. **Tarcondimotus**: king of Cilicia in Asia Minor, an ally of Pompey.
linquendi ... sustulit: "took up the standards of deserting Cato," i.e., gave the signal to desert Cato. *linquendi* is genitive of the gerundive.
220. **hunc**: sc. Tarcondimotus; object of *notauit* (221), "reproached" (OLD s.v. 3b).
221. **litus in extremum**: "to the edge of the shore."
222. **pacate Cilix**: vocative. After pacifying the coastal pirates Pompey recognized Tarcondimotus as ruler of the interior of Cilicia.
223. **uadis** < *uado*, "go."
224. **pelago**: dative after *redis* (AG 428h).
pirata: masculine noun of the first declension.
omnis = *omnes*, modifying *uiros* (225).
225. **in coetu motuque**: "in a jumbled crowd," by the figure hendiadys, in which two nouns joined by a conjunction express a single idea; often best translated by treating one noun as an adjective (AG 640).
aperta mente fugae (226): "(his) intention [OLD s.v. *mens*, 7] of fleeing made clear"; ablative absolute.
226. **conpellat**: "addresses."
regentem: sc. Cato, trying to stop the desertion. The participle is conative.
227. **nos**: object of *duxit*.
da ueniam: "grant pardon," i.e., "forgive us"; a parenthetical phrase.

Lucan *De bello civili* IX

      Pompei: like *belli ciuilis* (228), objective genitive depending on *amor* (228).
228. **partesque ... fecimus** (229): See on 97.
      fauore: ablative of cause.
229. **iacet**: "lies (dead)," (OLD s.v. 6).
      orbis: "the world"; subject of *praetulit*.
231. **reuisere** < *reuiso*, "see again"; objective infinitive after *permitte* (230).
232. **quis**: The interrogative pronoun is often used as an adjective, here modifying *finis* (AG 148 note).
      Pharsalia: "the area around Pharsalus," hence the battle fought there.
      pugnae: depends on *finis*.
233. **tempora uitae**: "the time for life"; poetic plural; objective genitive.
234. **eat**: like *prospiciat* (235), jussive subjunctive.
      in tutum: "to a safe (place)." The soldiers wish only to die in peace.
      iustas ... flammas (235): "proper flames," unlike the makeshift pyre of Pompey.
      sibi: dative after *iustas*.
236. **ducibus**: i.e., in contrast to ordinary men.
      praestare: "to provide, offer."
      potest: *bellum ciuile* (235) is the subject.
237. **manent**: "await"; *uictos* (236) is the object.
      Armenium: "Armenian," like *Scythicum* (238), "Scythian," modifies *iugum*, "yoke." Both peoples are types of eastern barbarism for the Romans.
      minatur < *minor*, "threaten" x (dative) "with" y (accusative).
238. **togati ciuis** (239): "a citizen wearing the toga"; not a reference to Caesar, who was not a private citizen at the time, but to the ideal Roman magistrate.
239. **Magno uiuente**: present ablative absolute.
      secundus: "second," i.e., after Pompey (Caesar is meant); understand *erat*.
240. **umbris**: See on 186.
241. **quam**: a misprint in H.'s text for the easy *quem*. See S. B.'s apparatus ad loc.
      clades: "disaster," i.e., the battle of Pharsalus.
243. **fata**: i.e., whatever fate has ordained in bringing about the victory of Caesar.
      secunda: "favorable events" (OLD s.v. 4). By contrast see on 239.
244. **fas** [*sit*] **... liceat**: potential subjunctives.
      fortuna: ablative of means, with *Caesaris* (245).
245. **Emathium .. ferrum**: "the Thessalian sword," i.e., the troops who fought with Pompey at Pharsalus.
246. **clausa** < *claudo*, "shut off, close"; supply *est*.

Lucan *De bello civili* IX

fides: "confidence" (OLD s.v. 12b). Defeated enemies gave themselves into the *fides* of the victorious general.
solus: sc. Caesar.
247. **uelit ac possit**: subjunctives in a relative clause of characteristic (AG 535).
249. **fides**: here "loyalty," in the technical sense of the duty a client owes his patron (OLD s.v. 8).
publica iura: "public laws," i.e., those of the state.
250. **petamus**: hortatory subjunctive.
251. **consul**: Caesar was consul in 48 with P. Servilius Isauricus.
profatus: See on 109.
252. **insiluit** < *insilio*, "jump into" + dative.
iuuenum: genitive plural < *iuuenis*, "youth."
comitante tumultu: "with an accompanying uproar"; present ablative absolute.
253. **actum ... fuerat ... rebus**: "It would have been over for the Roman cause." The pluperfect indicative here stands for the subjunctive in what is the virtual apodosis of a truncated contrary to fact condition (AG 517b and 522). The indicative in such clauses is more emphatic.
omnis: modifies *plebes* (254), an old form of *plebs*; nominative singular.
254. **indiga seruitii**: "in need of slavery [to Caesar]," i.e., incapable of controlling themselves after Pompey's death.
255. **erupere** = *eruperunt*.
256. **pari uoto**: "with equal desire," i.e., the same as that of the Caesarians, since both fought for tyranny, as explained in the next line; ablative of manner.
257. **Pompeiana ... manus** (258): "Pompeian band," i.e., troops belonging to Pompey, as contrasted with *Romana* (258). *manus* is common in this sense (OLD s.v. 22).
258. **quod**: "because"; used ironically here and in the following clauses. Cato's entire speech is highly sarcastic.
in regna: "for tyranny." Lucan often has *in* for the more usual *ad* in this construction.
259. **tibi**: like *ducibus* and *nulli* (260), dative of advantage.
morerisque < *morior*, "die."
260. **quod ... est**: Cato means that the troops need not fear any longer that Pompey may become their master if they are victorious. For his ambivalent attitude towards Pompey see 19ff.
261. **ceruice uacanti**: i.e., un-yoked.
262. **pati**: "to endure (living)."
causa: Understand *est*; "Now there is a cause..."
263. **abuti** < *abutor*, "use up," here + ablative.
264. **patriae**: dative.
265. **cum**: Supply *est*; introduces a temporal clause.

17

prope: adverb, "near at hand."
266. **tribus e dominis**: "from three masters," i.e., the members of the triumvirate. The Parthians killed Crassus (see on 65), Ptolemy killed Pompey, and the soldiers if resolute can remove Caesar.
pudeat: jussive subjunctive, "let it be a cause of shame," i.e., you should be ashamed.
plus ... contulit in leges (267): "has done more for the laws."
regia Nili. "the palace of the Nile," i.e., Egypt.
267. **Parthi ... arcus**: "the bow of the Parthian soldier." The Parthians were famous for their use of bows from horseback.
268. **Ptolemaei munus**: "the gift of Ptolemy," which was to remove a potential tyrant in Pompey.
arma: sc. *uestra*.
269. **nocentes**: "guilty of," + ablative.
270. **credet**: The subject could be the enemy in general, or more likely Caesar himself.
sibi terga dedisse: Supply *uos*; i.e., that you fled at Pharsalus.
271. **Emathiis ... Philippis**: "Thessalian Philippi." From a misunderstanding in Virgil (*Georgics* 1.490) Roman poets talk as if the battles of Philippi (42 B.C.) and Pharsalus had been fought in the same place, whereas Philippi is in Macedonia, further to the north.
272. **iudice ... Caesare** (273): "with Caesar judging"; present ablative absolute.
273. **subacti**: "conquered."
274. **famuli**: "slaves,"
domini ... prioris: sc. Pompey.
275. **mereri** < *mereor*, "merit."
276. **rapiatur**: jussive subjunctive.
277. **prolesque Metelli**: "offspring of Metellus," i.e., Cornelia; see on 51.
278. **ducite**: "lead away (as captives)."
uincite: imperative, "surpass."
279. **nostra ... ora**: "my head"; see on 138.
inuiso ... tyranno: i.e., Caesar; dative after *feret* (AG 363.2).
quisquis feret: has the force of the protasis of a future more vivid condition (AG 519).
280. **non parua mercede**: "for no small reward"; ablative of price.
280-1. **sciat ... secutam**: "Let those troops (*iuuentus*) know by the price of my head (*ceruicis*) that well did they follow my standards, " i.e., they did well to follow.
282. **quin agite**: "Come then."
meritum: "reward."
283. **ignauum scelus**: predicative.
tantum: "alone, by itself."
omnes: modifies *puppes* (284).

Lucan *De bello civili* IX

284. **haud aliter ... quam** (285): "scarcely otherwise than," introducing another pastoral simile. Cato's calling the ships back from the sea is compared to the beekeeper's calling back the swarm to its hive by the sounding of brass.
285. **effetas ... ceras**: "the exhausted wax cells." They are worn out from having brought forth the young (OLD s.v. *effetus* 2).
    simul: "as soon as," here without *ac* or *atque*.
    examina < *examen*, "swarm"; subject of *linquunt*.
286. **oblita ... alas**: "forgetful of the honeycomb they do not mingle (their) wings with intertwinings," i.e., they do not fly together.
287. **sibi**: "for itself," i.e., on its own; dative of advantage.
    quaeque: sc. *apis* (f.), "bee."
288. **desidiosa**: "lazy."
    Phrygii ... aeris [< *aes*]: Supply *si*, "(if) the sound of Phrygian bronze rings out"; Phrygian because bronze cymbals were used in the worship of the Phrygian fertility goddess Cybele.
289. **attonitae**: "frightened, " sc. the bees.
    posuere = *posuerunt*, "they have put down, given up."
290. **sparsi mellis** [< *mel*]: "honey spread about," sc. in flowers and herbs, whose nectar becomes the honey.
291. **Hyblaeo ... gramine**: "Hyblaean grass," from Mt. Hybla in Sicily, known for its aromatic flora.
292. [*se*] **seruasse**: indirect discourse after *gaudet* (291).
    casae: dative singular < *casa*, "to save for his cottage."
293. **inculcata** [*est*]: "was impressed upon" + dative.
    Martis: "war" (OLD s.v. 2); objective genitive.
294. **actu**: See on 31.
    doctas: "taught (to)," + infinitive.
295. **constituit**: "decided."
    serieque: -*que* joins the noun with *actu* (294); "with a campaign of war and sequence of hardships."
296. **litoreis ... harenis**: "on the sands of the shore," i.e., by fortifying the camp on that place.
    lassatur < *lasso*, "tire out."
297. **in**: "against."
    Cyrenarum < *Cyrenae* (f. plural), "Cyrene," a city in north Africa.
298. **exclusus**: sc. from Cyrene.
    uindicat: "avenges."
    nulla ... ira: ablative of manner. Lucan combines Cato's initial exclusion with the implication of his abdication of the right of revenge when he storms the town.
299. **uicisse**: "to have conquered"; complement to *poena ... sola*.
    de uictis: "(exacted) from the conquered."

Lucan *De bello civili* IX

Catoni: dative of advantage. With one group of MSS S.B. reads *Catonem*, which becomes subject accusative of *uicisse*.
300. **inde**: "next."
peti ... regna Iubae (301): The seeking of Juba's kingdom (*regna*) is accusative, but subject of the passive infinitive *peti*. Juba was king of Numidia, bounded by Mauretania (*contermina Mauris*) on the west and the old Roman province of Africa on the east. He was an ally of Pompey and the senatorial party.
301. **iter**: object of *uetabat*.
mediis ... Syrtibus (302): "the Syrtes in the middle"; ablative of means. The Syrtes ("Dragnets") Major and Minor are two shallow gulfs lying between Cyrenaica, Tripolitana, and Tunisia, today called the Gulfs of Sidra and Gabes.
302. **hanc**: sc. *naturam*.
303ff. An involved description of the Syrtes and the difficult voyage of Cato's fleet.
303. **Syrtes**: accusative.
uel: with *reliquit* (304). The coordinating *uel* comes in 311.
304. **in dubio ... terraeque**: i.e., not clearly either sea or land.
305. **subsedit** < *subsido*, "sink down"; the subject is *tellus* (306).
penitus: "completely."
quo: "whereby," i.e., "so that"; introduces a relative purpose clause (AG 531.2).
stagna profundi: "still water of the deep (sea)."
307. **lege**: "condition" (OLD s.v. 8); ablative of cause.
inuia: "impassable"; predicative.
sedes: "place."
308. **aequora ... terra**: both in apposition to *sedes* (307).
abruptaque < *abripio*, "break up."
profundo: ablative of means.
309. **et ... fluctus**: "and the waves roar after having been thrown beyond many sandbanks." According to the scholia *litora = dorsa stagni*.
310. **male**: "badly"; scan uu.
deseruit: The subject is *natura* (311).
exegit < *exigo*, "require."
311. **sui**: genitive depending on *partem*.
plenior alto ... pelago (312): "fuller in deep sea"; ablative of specification.
312. **Syrtis**: singular, referring to each gulf itself.
penitusque natabat: "wholly swam," i.e., was completely inundated.
313. **rapidus Titan**: "consuming, burning sun." Titan is the sun-god, son of the Titan Hyperion (OLD s.v. 2a).

Lucan *De bello civili* IX

ponto ... pascens: "grazing his beams on the sea." The Stoics borrowed from the Ionian philosophers the idea that the sun nourished itself on moisture drawn from the sea.
314. subduxit: "withdrew, stole away."
zonae perustae: "the burned region, " i.e., the torrid zone; dative after *uicina*.
315. Phoebo siccante: present ablative absolute; Phoebus is Apollo as sun-god.
316. ubi: "when" (OLD s.v. 9).
damnosum ...aeuum: "destructive time."
admouerit: future perfect indicative.
317. tellus ... erit: i.e., the wet area will be completely dried up.
breuis: "shallow."
superne: "on top"; adverb.
318. late: "broadly, everywhere"; modifies *deficit*.
periturum < *pereo*, "disappear."
319ff. Cato is sailing west from the coast of Cyrenaica across the Syrtis Major towards Numidia.
ut primum: "as soon as."
320. niger ... Auster: "the dark south wind," so called because it produced rainstorms.
321. in sua regna: "against its own kingdom," the lands of the south; poetic plural.
temptatum ... aequor: "the sea attempted by the ships"; object of *defendit* (322).
322. turbine < *turbo*, "hurricane"; ablative of means.
longeque: "and far away."
323. inlato ... litore: "by shore interspersed (i.e., reef)"; ablative absolute used instrumentally.
324. quarum: sc. *nauium*.
deprendit: "caught." Auster is still the subject. It catches the sails fully extended on an upright mast (*recto malo*).
325. eripuit: "snatched" + dative of separation in *nautis*. The object is *carbasa* (324).
325-6. frustraque rudentibus ... carinae: "and with the ropes having dared in vain to deny the sails to the south wind, they (the sails) overcame the space of the ship"; i.e., the sails were blown out in front of it. *uela* is both object of the ablative absolute and implied subject of the main clause, but Lucan is not punctilious about this point of grammar (AG 419).
326. uicere = *uicerunt*.
327. atque ... sinus: i.e., the sails billowed in front of the ship (OLD s.v. *sinus* 7).
omnia: modifies *lintea* (328), "all the sails."
328. prouidus: "foresighted"; modifies *nauta* understood.

Lucan *De bello civili* IX

      antemnae suffixit ... summae: "fastened to the top of the yardarm." *suffixit < suffigo.*
329. **nudis ... armamentis**: "with the poles bare," i.e., with the sails entirely torn off; ablative of manner.
      auertitur: "is driven off-course."
331. **certo ... mari**: "sure sea," as opposed to the Syrtes, which were neither true land nor true sea.
      iactata: Supply *est.*
      quaecumque: sc. *naues.*
332. **arboribus caesis**: "with the masts having been cut down"; ablative absolute with instrumental force after *leuatae* (331). The sailors lightened their ships by cutting down the masts.
      effudere: = *effuderunt < effundo*, "let pass over."
333. **has**: sc. *naues.*
      liber ... aestus (334): "the uncontrolled tide."
      contraria: "contrary to" + dative.
334. **obnixum** [< *obnitor*]: "resisting, opposing"; modifies *Austrum.*
      detrusit < *detrudo*, "push away."
335. **has**: sc. *naues.*
      interrupta < *interrumpo*, "break up."
336. **ferit** < *ferio*, "strike with force."
      dubioque ... fato: "two-fold destruction," corresponding to the double nature of the Syrtes.
      obnoxia: "exposed to" + ablative.
337. **sedet**: sc. on land.
338-9. **tum ...consurgens**: "Then scantier sea and often earth rising up (come) in the way of (*obuia*) those (ships) further (*magis*) damaged (*inpactis* < *inpingo*, "strike, damage.")
339. **quamuis**: "although."
      elisus < *elido*, "drive on"; modifies *fluctus* (340).
341. **tergo**: "back," hence "surface," a poetic usage (OLD s.v. 8).
      procul: "far off (from)" + ablative.
342. **aqua**: ablative of means with *inuiolatus.*
343. **haerente** < *haereo*, "stick (to), cling (to)" + dative. The force of the ablative absolute is concessive.
344. **intercipit**: "cuts off," hence "destroys."
345. **ratium**: genitive plural < *ratis*, "ship."
      regimen clauumque: "the guiding rudder," by hendiadys.
346. **fuga**: ablative of means.
      sortita < *sortior*, "obtain by chance."
      peritos: "having knowledge of" + genitive.
347. **Tritonos ... paludem**: "the Lake of Triton"; Greek genitive. This body of water is most commonly placed by classical authors to the west of the

Lucan *De bello civili* IX

Syrtes. Lucan, however, refers to a lake near Berenice in Cyrenaica east of both Syrtes.
inlaesa: "unharmed."
348. hanc: sc. *paludem*; object of *amat*, understood from 350.
ut fama: "as (is) the story," a traditional formula introducing mythological narratives.
deus: sc. Triton. Tritons are pre-Hellenic sea divinities given literary stature by the classical poets. The most famous was the son of Poseidon and Amphitrite, responsible for drowning Aeneas' trumpeter Misenus (*Aeneid* 6.162-74).
349. uentosa ...concha: "windy conch-shell"; ablative of means. The shell is a kind of natural trumpet.
marmora < *marmor*, "marble," hence "shining surface (of the water)" (OLD sv. 5), a Renaissance scholar's emendation for the MSS' *murmura* and *litora*; object of *perflantem* < *perflo*, "blow over, blow across."
350. Pallas: the goddess Athena.
patrio ... uertice [< *uertex*] nata: "born from the fatherly head"; ablative of source. Athena was born full grown from the head of Zeus.
351. Libyen: Greek accusative; see on 44.
352. tetigit < *tango*, "touch."
stagnique: "pool."
353. plantas: "soles," hence by synecdoche "feet."
354. se ... Tritonida dixit: "called herself Tritonis." Athena also bore the cult title Tritogeneia, showing some original connection with water. *Tritonida* is a Greek accusative.
355. quam: Understand Lake Triton as the antecedent; the preposition *iuxta* follows its object. See on 6.
Lethon: Greek masculine nominative.
praelabitur < *praelabor*, "glide along."
356. obliuia: neuter plural, the plural being usual.
357. insopiti ... tutela draconis: "the charge of the sleepless serpent"; in apposition with *hortus* (358).
358. Hesperidum ... hortus: "the garden of the Hesperides." The Hesperides were maidens who protected a tree of golden apples given by Gaia to Hera at her marriage with Zeus. As one of his labors Heracles slew the dragon Ladon, guardian of the tree, and stole the apples. Early authors place the garden in the far west; Lucan has it near Berenice.
spoliatis frondibus: ablative absolute; it explains *pauper*.
359. inuidus: "spiteful"; understand *est*.
famam derogat: "takes away credibility" + dative of separation.
360. uates: "bards, poets"; accusative plural, identical in form to the nominative singular. Lucan proceeds to tell the story of the golden apples.
361. -que: connects *rami* to *silua* (360).

Lucan *De bello civili* IX

     graues: "heavy with" + ablative.
     germine < *germen*, "bud."
362. **luci** < *lucus*, "grove."
363. **somno**: ablative after *damnatus*, "condemned to."
     numquam: with *damnatus*.
     lumina: "as regards the eyes"; accusative of respect (AG 397b).
364. **robora** < *robur*, "oak, wood," i.e., the branches.
     conplexus < *conplector*, "embrace."
365. **abstulit** < *aufero*, "take x (accusative) away from y (dative)."
366. **Alcides**: Heracles, in Latin Hercules, whose grandfather was Alceus.
     passusque inopes ... ramos: sc. *esse*, "having allowed the branches (to be) bare."
367. **Argolico ... tyranno**: "the tyrant of Argos," i.e., Eurystheus, for whom Heracles was forced to perform his labors.
368. **his ... locis**: must be taken as dative of motion towards with *depulsa* (AG 428h), but difficulties remain; H. suggests **hos ... locos**, which is adopted by S.B.
369. **Syrtibus**: ablative of separation with *eiectaque* (368).
     haut = *haud*, "not at all"; with *attigit*.
     ultra: the preposition "beyond."
     Garamantidas: "Garamantian," an ornamental variant for "Libyan." The Garamantes were a tribe living in the interior of Africa. Greek accusative, modifying *undas*; the last syllable is short.
370. **duce Pompeio**: Gnaeus Pompeius, the elder son, is meant; present ablative absolute without the non-existent participle of *esse*.
     melioris: i.e., the more temperate part of Libya.
371. **inpatiens ... haerere**: "refusing to stay, unwilling to stand still."
     uirtus ... Catonis: Cato's most important, and perhaps dangerously exaggerated quality.
372. **agmen**: "army on the march"; object of *committere*.
373. **armorum fidens**: "relying on arms." This type of genitive is not treated separately in AG, but recurs at 445-6 and 898-9.
     terra: "by land"; ablative of means.
     cingere = *circumire*.
     Syrtim: accusative singular.
374. **hoc**: object of *suadebat*.
     eadem ... hiemps [= *hiems*]: "the winter season also" (OLD s.v. *idem* 8).
375. **spes**: "ground for hope"; predicate noun after *erat*.
     nimios ... ignes: "too much heat"; object of *metuentibus*. The plural is common in both prose and poetry.
376. **ut**: introduces a substantive clause after *spes ... erat* (375); (OLD s.v. *spes* 1b.)
     sole .. duro frigore: ablative after *saeuam*.

	uiam: object of *temperet* (377).
377.	**inde ... hinc**: "on the one hand ... on the other"; marking a contrast, the equivalent of *men* and *de* in Greek. Note the parallel with the climatic extremes in line 376.
	polo: From the meaning "sky" *polus* takes by analogy with *dies* the sense of "weather, climate."
	Libyes: Greek genitive; see on 44.
	temperet: The present subjunctive after a main verb in secondary sequence (*erat* 375) is irregular, but not unparalleled (AG 484c).
	annus: "time, season of the year" (OLD s.v. 7).
378.	**ingressurus** < *ingredior*, "embark upon."
	fatur: sc. Cato.
379ff.	Cato sternly warns the soldiers of the hardships to follow on their march, but promises that he will lead the way in determination and endurance.
379.	**o quibus**: "O (you) to whom..."
380.	**indomita ceruice**: ablative of manner.
	mori: in apposition to *una salus* (379).
382.	**exustaque**: "scorched parts"; < *exuro*.
383.	**qua**: See on 4; understand *est*.
	Titan: See on 313.
384.	**letiferis**: "death-bearing."
	Squalent < *squaleo*, "be foul with," a favorite verb of Lucan throughout his description of the march.
385.	**durum**: Understand *est*.
	ad leges: i.e., to the old republican form of government.
	patriaeque ruentis: "of the fatherland rushing (into ruin)"; objective genitive.
386.	**Libyen**: Greek accusative.
	ueniant: like *temptent*, jussive subjunctive. The subject is implied in the following *siquis* clauses.
387.	**siquibus ... uoto**: "if there are any for whom escaping (*euadere*) has been placed in no prayer," i.e., who have no desire to desert.
388.	**ire**: complement of *sat est*.
	mihi: dative of possession with *est animus* (389) "it is my intention."
389.	**tectoque metu**: i.e., by hiding my fear.
391.	**me teste**: "with me as a witness"; present ablative absolute. See on 370.
	uel: "even" (OLD s.v. 5).
	quae: sc. *sint*.
	tristissima: "most harsh."
392.	**putant**: Supply *esse*; "think that it is ... "
393.	**eget** < *egeo*, "need" + ablative.
	animae: "life."
394.	**dominum**: sc. Caesar.

Lucan *De bello civili* IX

       meliore uia: than the one ahead through the desert.
       dum: "so long as"; here with the subjunctive (AG 556 note).
395. **gradus**: accusative plural.
396. **feriat**: like *occurrat* (397) jussive subjunctive.
397. **fatoque ... meo** (397): ablative of means.
398. **praetemptate**: "experience beforehand"; imperative.
       quicumque: "whoever," i.e., "if anyone"; introduces a conditional relative clause with the future perfect *uiderit*, to be supplied with the following clauses.
       bibentem ... petentem (399): Supply *me*.
400. **aestuet** < *aestuo*, "be hot."
       equitem [*me*] ... turmas: "that (I), a horseman, am going before the troops of soldiers." *peditum* < *pedes, -itis*, "one who goes on foot, foot-soldier."
401. **siquo ... discrimine**: "if by any difference."
402. **eam** < *eo, ire*; subjunctive in indirect question.
       serpens ... harenae: nouns in asyndeton.
403. **dulcia**; Supply *sunt*.
       duris: neuter ablative plural after *gaudet*.
404. **laetius ... honestum**: "virtue is happier whenever it exists at great cost to itself." *magno* is ablative of price.
405. **turba ... malorum**: "a host of calamities."
406. **ut ... uiros**: "that it is fitting for men to have fled," sc. from Pharsalus; substantive clause standing as object of *praestare* (405).
       pauentis: = *pauentes*, modifying *animos* (407).
408. **inreducemque**: "that does not return," a *hapax legomenon* (the only appearance of a word in the extant literature).
       limite < *limes*, "track"; ablative of means.
       carpit: "treads upon."
409. **sacrum ... nomen**: Cato became a kind of Stoic saint after his suicide at Utica.
       clausura < *claudo*, "shut up, enclose."
410. **inuasit**: "seized upon."
       securi: "free from care," as is appropriate for a Stoic.
411ff. An extended geographical excursus on the relationship of Africa to the continents of Europe and Asia, on which there were divergent opinions in antiquity.
411. **rerum**: "the world" (OLD s.v. 4).
       credere: "to entrust x (accusative) to y (dative)."
       famae: "received myth"; see on 348.
413. **Europae**: the continent, named for Europa, who was carried off from Phoenicia to Crete by Zeus in the form of a bull.

Lucan *De bello civili* IX

413-4. The Nile is no farther than the Don (*Tanais*) from Cadiz (*Gadibus*), a Phoenician colony on an island off the southern coast of Spain.
414. **primis**: because Cadiz was at the western extremity of the Mediterranean world.
416. **Oceano**: dative of advantage. Oceanus was imagined as an enormous river encircling the world.
fecere = *fecerunt*.
416-7. sed ... Asiam: "but a greater (part of) the world goes towards (making up) Asia alone."
417-20. Asia is larger than Europe and Africa combined, since it contains parts of the north and south together with all of the east, while they contain only the west.
417. **communiter**: adverb, "in common."
istae: sc. Europe and Africa.
cum ... effundant (418): concessive *cum* clause.
418. **Zephyrum**: the west wind; now winds are used for points of the compass.
Boreae: genitive < *Boreas*, here not the north wind, but simply "the north."
illa: sc. Europe and Asia.
419. **Noti** < *Notus*, here "the south."
ortus: the sunrise, the east."
420. **Eurum** < *Eurus*, "the east wind."
terraest: prodelision for *terrae est*; the genitive is partitive after *quod*.
421. **uergit** < *uergo*, "incline," a poetic usage.
et: "even."
haec: sc. *terra*.
422. **soluitur**: "is split up."
Arctoos ... imbres: "northern showers"; the adjective *Arctous* is Greek.
Aquilonibus < *Aquilo*, "north wind"; ablative of means.
423. **nostris ... serenis**: "our fair weather," (OLD s.v. *serenum* b). Africa takes rain from the north winds away from Italy.
424. **in**: "for the sake of," (OLD s.v. 21).
uitiatur < *uitio*, "despoil." Understand the soil of Libya as the subject of this and the following verb *excoquitur* (425).
non ... excoquitur (425): "it is not smelted of its bronze and gold"; *aere* and *auro* are a kind of ablative of separation.
425. **nullo ... crimine**: i.e., there is no precious metal mixed in with the soil and hence no corrupting wealth.
426. **penitus**: "completely."
Maurusia ... robora (427): "Mauretanian wood." *robora* is a poetic plural.
427. **diuitiae**: "riches"; understand *sunt*.
428. **citri** < *citrus, -i*, (feminine), probably a kind of cedar tree.

Lucan *De bello civili* IX

  comis ... et umbra: "leafy shade," by hendiadys; ablative after *contenta*. The natives used the tree only for its natural qualities; the Romans prized it for furniture.
429. **uenere** = *uenerunt*.
  secures < *securis*, "axe."
430. **extremoque ... ab orbe**: "from the end of the earth."
432. **nimio ... die**: "too much sun," (OLD s.v. *dies* 2a).
  proiecta < *proicio*, "extend."
  uicina: "near"; here + genitive.
433. **aetheris**: See on 168.
  Bacchum: "the grapevine," over which Dionysus/Bacchus presided.
434. **enecat**: "kills completely."
  putris: "powdery," sc. *ora* (431); the heat kills the plants whose root systems hold the soil together.
435. **uitalis**: "life-sustaining."
  sub: here = *in* (H.).
436. **deside**: ablative < *deses*, "sluggish," with *natura*; for the declension see AG 117.
  torpet: *terra* is the subject, as with *sentit* (437).
437. **orbis**: "region"; genitive depending on *natura* (436).
  inmotis: hardly "unmoved," since a long description of blowing sand follows; rather, as the scholia note = *inaratis*, "unplowed," in an ablative absolute with *harenis*.
  annum: i.e., the seasonal cycle.
438. **solum** < *solum*, "earth."
  exerit < *ex(s)ero*, "thrust upward."
439. **Nasamon**: a people living on the coast of north Africa around the Syrtis Major; more common in the plural *Nasamones*.
  legit < *lego*, "gather"; the *e* is short.
440. **quem**: The antecedent is *Nasamon* (439).
  mundi ... damnis: "the losses of the world," i.e., shipwrecks.
441. **populator**: "plunderer, wrecker."
442. **inminet** < *inmineo*, "be ready to fall upon" + dative.
  nulla ... carina: "with no ship touching (his) ports"; ablative absolute.
443. **nouit opes**: "has experience of wealth."
  commercia: "commerce."
444. **naufragiis**: "shipwrecks"; ablative of means.
  hac: "here."
445. **secura ... uentorum** (446): "unconcerned about the winds."
447. **aequoreos ... metus**: "fears proper to the sea."
448. **quam**: "than"; after the comparative adverb *uiolentius*.
  Austrum: See on 320. This becomes the violent wind attacking the fleet.
449. **ille**: sc. *Auster*.

Lucan *De bello civili* IX

       terrae: dative after *nocens* or perhaps locative.
449-50. Libya has no mountains to break the force of the wind.
       ortum ... repulsum: sc. *Austrum*.
451. **liquidas ... in auras**: "into clear breezes."
452. **ruit**: sc. *Auster*.
453. **lassatur**: "is weakened"; still governed by *nec* (452).
       solum: See on 438.
       patet: "lies flat."
       liberque meatu: "free in its path"; *metu* is ablative of specification.
454. **Aeoliam**: "Aeolian," i.e., pertaining to Aeolus, god of the winds.
455. **non imbriferam**: "not rain-bearing."
456. **in flexum**: "in a circle."
       uiolentus: sc. *Auster*; the force is adverbial.
457. **numquam ... uertice**: "the whirlwind never having been broken up"; ablative absolute.
458. **regna**: i.e., "his country," the sand. As often with *regnum* the plural is poetic.
459. **discussasque** < *discutio*, "dash to pieces."
       domos: like *casae* (460) poetic plural.
       a culmine: "beginning with the roof."
460. **detecto Garamante**: ablative absolute. The Garamantian (see on 369) is uncovered because the roof of his house has been blown off.
       altius: "higher"; comparative adverb.
461. **rapta**: "things snatched away"; neuter plural.
       quantumque: "as much as," coordinated with *tantus* (462), "so much."
       fumo: dative after *licet*.
462. **uiolare diem**: "to obscure the light."
463. **Romanum ... agmen**: accusative.
       solito < *solitum*, "what is usual"; ablative of comparison after *uiolentior*.
464. **adgreditur**: sc. *Auster* as subject.
       nullisque: with *harenis* (465).
465. **raptis**: sc. *harenis*; ablative absolute.
       etiam: "even."
466. **concuteret ... moueret**: sc. *Auster* as subject; contrary to fact condition in present time.
467. **conpage** < *compages*, "binding, framework"; with *solida*.
468. **exesis** < *exedo*, "eat away," hence "hollow."
       scopulosa: modifies *Libye* (467).
469. **facilis**: The force is adverbial.
470. **nusquam luctando**: "by nowhere resisting"; ablative of the gerund.
472. **spiritus**: "blast"; usually a gentle wind, but Lucan is in need of synonyms for gale.
473. **intentusque**: here "intense" (OLD s.v. 3) and H. ad loc.

Lucan *De bello civili* IX

       tulit: Understand as object the arms mentioned in 471-2.
       inania: See on 107.
474. **extrema**: like *remota*, modifies *tellure* (475).
       forsan = *forsitan*, "perhaps."
       longeque: adverb.
476. **gentes**: i.e., the people in that land.
       lacertis: "arms" (body part); dative of separation after *erepta*.
477. **superis**: "those above," hence "the gods."
       demissa: Supply *esse*; "have been sent down."
       illa: Supply *ancilia*, "shields" from 480.
       profecto: "without a doubt."
478. **sacrifico ... Numae**: "to sacrificing Numa," i.e., "to Numa as he sacrificed." Numa was the second king of Rome, connected especially to the origins of Roman religion. The shield that fell from the sky was a sign from Jupiter of Rome's future military power. To safeguard the original Numa had eleven identical shields made.
       lecta iuuentus: "chosen youth," the Salii, who carried the shields in their ritual.
479. **patricia ceruice**: "on (their) patrician neck," i.e., "shoulders."
480. **ancilia ... ferentes**: "bearing the shields (now) ours."
481. **orbem**: See on 437.
482. **procubuit** < *procumbo*, "sink down."
       amictus: "clothing"; accusative plural.
483. **inseruit** < *insero*, "place x (accusative) into y (dative)."
483-4. **nec ... iacuit**: "and did not lie by weight alone, but with a struggle."
484. **inmobilis**: "unmoved."
485. **super**: adverb, "above."
       ingentis = *ingentes*; accusative plural with *cumulos*.
486. **operit** < *operio*, "cover."
487. **congestu**: "mass"; dative after *haerens*.
488. **alligat** < *alligo*, "hold fast"; the subject is *agger* (489).
       et: "and ... also."
       stantis = *stantes*; modifies the soldiers understood.
490-2. S.B. brackets these lines as an interpolation based on 471-3. They were suspected already by Richard Bentley. See H. ad loc.
490. **tulit**: sc. *Auster*.
       penitus: with *tulit*, "took far off." See H. ad loc.
491. **miranda**: "marvelous, very strange"; ablative of the gerundive from *miror*.
492. Stones and building blocks were carried far into the desert, so that the nomads saw fragments of houses.
       qui = *ei qui*.

uidere = *uiderunt*.
ruinas: Understand *domorum*.
493. latet: "lies hidden."
discrimina terrae: "distinctions of the earth," i.e., "landmarks."
494. This line is omitted by the majority of MSS and bracketed by both H. and S.B. as composed by a scribe who did not understand the grammar of 493-5.
495. sideribus: i.e., by observing the constellations.
sidera tota: "all the constellations"; object of *ostendit* (496).
496. finitor circulus: "limiting circle," i.e., "horizon."
497. deuexo ... margine: "the sloping border of the earth [*terrarum* = *orbis terrarum*]," i.e., the natural curvature of the globe. Since they are in a more southern latitude the soldiers do not see the stars they are accustomed to in Italy.
498. utque: "and when" + indicative (AG 543).
soluit: "loosened," hence "expanded"; *aera* is the object.
torserat < *torqueo*, here "contract."
499. incensusque [*est*]: "became scorching hot"; < *incendo*.
manant < *mano*, "trickle, seep."
artus: "limbs"; nominative plural.
500. arent < *areo*, "be parched."
ora: "mouths."
siti < *sitis*, "thirst."
maligna ... uena (501): "scanty flow"; ablative of description.
501. uix: "with difficulty"; modifies *corripiens* (502).
502. patulum galeae ... in orbem: "into the open circle of (his) helmet."
503. porrexit < *porrigo*, "stretch out."
duci: sc. Cato.
squalebant: See on 384.
504. minimumque ... liquoris: "the smallest bit of water."
505. inuidiosus: "enviable."
-ne: the interrogative particle.
degener ... miles (506): vocative.
506. putasti = *putauisti*.
uirtute: ablative of separation with *uacuum*.
507. usque adeo: "to such an extent."
508. quanto: "by how much," ablative of degree of difference.
508-9. poena ... bibas: a conflation of two ideas: *dignior qui bibas* ("you are worthier [to be the one] who drinks) and *dignior ista poena, ut bibas* ("you are more deserving of this punishment, that you should drink"). The penalty is to drink while everyone else is thirsty, marking the soldier as weak.
509. concitus < *coniceo*, "arouse."

510. **excussit** < *excutio*, "shake out."
     suffecitque ... unda: "and the water was enough for all," i.e., all shared in having none.
511ff. Cato and his men approach the temple of Jupiter Hammon and its famous oracle. The actual site of the temple was the Oasis of Siwa in Egypt, to the east of the area Lucan has been describing.
511. **uentum erat**: impersonal passive = "they had come."
     Libycis ... gentibus: "among the Libyan peoples"; ablative of place where.
512. **sortiger**: "oracular."
513. **ut memorant**: "as they say," a formula similar to *ut fama est*.
     uibrans: "brandishing."
514. **similis nostro**: "similar to our (Jupiter).
     tortis ... Hammon: "Hammon with twisted horns," an Egyptian god identified with Zeus (Jupiter).
515. **ditia ... templa** (516): poetic plural.
516. **Eois**: "eastern" < the Greek adjective *eôos*. Scan – – –.
     donaria: "treasuries," like those at Delphi.
517. **quamuis**: "although" + subjunctive.
     Aethiopum < *Aethiops*, "Ethiopian."
     Arabumque < *Arabs*, "Arabian."
     beatis: here "wealthy" (OLD s.v. 3).
518. **Indis**: "Indians," meaning Ethiopians, a common confusion.
     unus sit: Supply *deus* from the following line: "is the only god." The subjunctive depends on *quamvis* (517).
520. **delubra**: "shrine, temple"; poetic plural.
     morumque priorum numen (521): "a god of old-fashioned customs."
522. **locis**: ablative of place where; poetic plural.
523. **uirens** < *uireo*, "be green."
524. **Berenicida**: Greek accusative < *Berenicis*, a region in Cyrenaica.
     Lepti < *Leptis*; ablative singular. Leptis Minor is a city near Carthage.
525. **abstulit**: sc. for himself.
526. **putria terrae**: "crumbly pieces of soil."
527. **domitas** < *domo*, "tame."
528. **hic**: "here."
     nil = *nihil*.
     Phoebo: dative after *obstat*.
528-9. **cum ... dies**: "when the day stands balanced on the highest turning point," i.e., at its zenith, at noon.
530. The rays of the sun are exactly vertical, *in medium*.
531ff. In this difficult passage Lucan attempts to locate astronomically the position of the temple of Hammon and to describe the perspective of people living at the equator. "When Stoic poets talk astronomy they

usually expend more words and less thought than one could wish" (H.). See his edition pp. 329-33 for detailed discussion.

531-2. "It has been ascertained that this is the latitude (*locum*) where (*qua*) the tropic of Cancer (*circulus alti solstitii*) strikes the zodiac (*medium signorum ... orbem*)" (H. p. 330). Lucan's reckoning is off, since the latitude he describes is five degrees north of Jupiter Hammon's temple. (Mention of the Zodiac is superfluous for specifying the latitude.

538. The order of lines 533-7 and 538-42 in the MSS was reversed by a Renaissance editor in order to achieve what he believed was the original text. See H.'s apparatus ad loc.
tibi: i.e., the people south of the Libyan desert; dative after *cadit* (539).
dirempta: "separated" from us.

539. in Noton: "to the south"; Greek accusative.
in Arcton: "to the north"; Greek accusative. But lines 540ff. are true not for the southern hemisphere; rather for the equatorial region, where shadows sometimes fall to the north, sometimes to the south.

540. Cynosura: "Dog's tail," the Greek name for the constellation Ursa Minor (Little Bear).
te ... subit [< *subeo*]: "rises into your sight" (from the horizon), i.e., is visible to you. See H. p. 331. For the northern latitudes Ursa Minor never sets, and hence is never seen to rise.

541. Plaustra: "the Wagon(s)," the constellation Charles's Wain, or Ursa Major (Great Bear), which similarly never sets for northerners.
in uertice: "overhead."

542. inmune mari: "untouched by the sea."
procul ... est: "each pole (of the earth) is far away"; equally far if one is at the equator.

543. fuga signorum: "flight of the constellations," i.e., the movement of the zodiac.

533-7. At the equator all the constellations take about the same amount of time to rise and set.

533. obliqua: nominative modifying *signa* understood; the sense is adverbial: "obliquely, at an angle."
Tauro: the constellation Taurus; ablative of comparison after *rectior* (534), "more vertical(ly)."
Scorpios: the constellation Scorpio; Greek nominative.
exit: "rise," from the horizon.

534. Aries: the constellation Aries.
sua tempora: "its (rising) time"; poetic plural.
Librae: the constellation Libra.

535. Astraea: the constellation Virgo.
lentos: proleptic and adverbial with *descendere*: "to set slowly."
Pisces: "the Fishes," the constellation Pisces.

536. **Geminis**: the constellation Gemini, representing the twin brothers Castor and Pollux; dative after *par*.
Chiron: Greek nominative; the verb for this and the following subjects is *tollitur* (537). Chiron was a centaur, skilled in medicine, and the tutor of several Greek heroes. Eventually catasterized, he was identified with the constellation Sagittarius.
idem, quod: "the same as, as much as"; adverbial.
Carcinos: "Crab," the constellation Cancer; Greek nominative.
537. **Aegoceros**: "Goat's horn," the constellation Capricorn, called *umidus* because in antiquity the sun appeared in the Tropic of Capricorn at the time of the rainy winter solstice.
tollitur: "rises."
Urna: "Water-Vessel," the constellation Aquarius.
544ff. The scene returns to the temple of Jupiter Hammon.
544. **fores** < *foris*, "door."
populi: subject of *stabant*.
Eos: "the east," Greek nominative singular; see also on 516.
545. **noua**: i.e., never before revealed.
546. **cessere** = *cesserunt*.
547. **exploret ... iudicet** (548): subjunctives in indirect command after *orant*; here, as often, without *ut*.
548. **de ... aeui**: "concerning a reputation of such long standing."
549. **hortator scrutandi ... euentus** (550): "encourager of testing the future"; gerundive with an accusative object, not uncommon with the genitive (AG 504a).
550. **Labienus**: originally a legate of Caesar, but joined Pompey's forces in 49.
551. **fortuna uiae**: "accident of the march."
ora: "mouth," hence "voice." The poetic plural is common with parts of the body.
552. **tanto duce**: i.e., the god; ablative with *uti*.
553. **casus**: "chances, outcomes," with the overtone of "misfortunes."
554. **crediderim**: potential subjunctive, governing the indirect statement *superos ... daturos dicturosque* (555) [*esse*]: "to whom would I believe that ..."
555. **sancto**: with *Catoni*.
556. **tibi**: dative of agent.
derecta < *dirigo*, "direct."
557. **ad**: "towards" hence "according to."
deum: singular because the later Stoics moved towards the conception of one god who was the soul of the universe.
558. **inquire ... excute** (559): imperatives.
nefandi: "unspeakable, evil." See on 109.

Lucan *De bello civili* IX

559. **patriae ... mores**: "shake out (i.e., investigate) the future character of the fatherland."
560. **iure suo ... legumque** [*iure*]: "their own authority and (that) of the laws"; ablative after *uti*.
561. **an ... perit**: "or is civil war of no avail?"
    sacra: ablative with *uoce* (562).
562. **reple** < *repleo*, "fill."
    saltem: "at least," with *quaere* (563).
563. **est**: The subjunctive would be expected in an indirect question, but after imperatives the question can be considered independent and so retain the indicative (AG 575c).
    exemplar honesti: "a pattern of (for) justice"; objective genitive.
564. **ille**: sc. Cato.
    tacita ... mente: ablative of place where. Note the Stoic emphasis on a kind of personal spirituality.
565. **dignas adytis**: i.e., worthy to be spoken by the oracle itself. The plural is poetic.
566. **quaeri**: present infinitive passive.
    an: introduces the first of several indirect questions with subjunctive verbs. Cato's point is that he has no need to seek from the oracle wisdom he already possesses.
567. **occubuisse**: "to die"; see also on 129. In poetry the present and perfect infinitives are virtually interchangeable when complementary (AG 486e).
    regna: poetic plural.
568. **an ... aetas**: "whether life is nothing, but whether long life makes a difference (*differat*)." The Stoics taught that it was the moral rectitude of a man's life, not its length, that was important. Grammatically the construction is hard, however. Madvig's emendation (cf. H. ad loc.) *an, sit uita breuis, nil, longane, differat, aetas* is adopted by Duff, who understands *an nihil differat* [*utrum*] *uita sit breuis longane aetas*. S. B. is perhaps neater still, who writes *an sit nostra brevis, nil, longane differat aetas*, eliminating the problem of explaining *uita* vs. *aetas*.
569. **bono**: "a good man"; dative after *noceat*.
    perdat: "loses utterly" with *minas*, "threats" (570) as the object.
570. **laudandaque**: "praiseworthy things"; neuter plural gerundive.
571. **successu**: "success"; ablative of means.
572. **hoc**: object of *inseret*.
    altius: "more deeply"; comparative adverb.
573. **haeremus ... superis**: "we all have a connection with the gods," a Stoic tenet famously illustrated in the prologue of Aratus' *Phaenomena*.
    temploque tacente: present ablative absolute with concessive force.
574. **non sponte dei**: "apart from the will of the god." *sponte* + genitive becomes more common in Silver Latin.

Lucan *De bello civili* IX

  uocibus ullis: ablative after *eget* (575).
575. **nascentibus**: sc. *nobis*.
  auctor: "the creator."
576. **elegit**: The subject remains *auctor*.
577. **caneret**: the traditional verb for oracular utterance, which was usually metrical.
578-80. A statement of the Stoic doctrine that god is the soul of the universe, so that the goal of the true philosopher is living according to nature, which constitutes virtue.
579. **quid**: "why?" (OLD s.v. *quis* 16).
580. **quodcumque moueris**: "whatever you will have moved," i.e., whatever motion you make (or perhaps whatever you touch).
583. **cadendum est**: impersonal passive periphrastic + dative of agent, "Both the coward and the brave man must die."
584. **hoc ... Iouem**: "this is enough for Jupiter to have said."
585. **seruataque ... templi**: "the authority of the oracle having been preserved," because Cato did not consult it.
586. **populis**: those described in 544ff. above; dative after *relinquens*.
  Hammona: Greek accusative.
587. **ipse**: sc. Cato.
  anheli: "panting"; modifies *militis* (588).
588. **ora**: "faces" (OLD s.v. 6).
  pedes: See on 400.
  monstrat: "shows how."
589. **supinus**: "reclining."
590. **carpentoque**: "wagon"; *-que* has here the meaning "or" (OLD s.v. 7)
  parcissimus < *parcus*, "sparing" + genitive.
591. **haustor**: "drinker."
  quam: object of *spectare* (592). The soldiers looked at the water as they stood in line to drink.
592. **indiga** < *indigus*, "needing" + genitive.
  laticis < *latex*, "liquid, water."
593. **lixa**: "camp-follower."
  ueris ... bonis (594): neuter plural; ablative of means.
594. **successu ... remoto**: "success having been removed," i.e. "apart from success."
596. **maiorum** < *maiores*, "ancestors," i.e., the famous heroes of Rome's past.
  fortuna: rather than their own achievement.
  Marte secundo: "favorable Mars," i.e., success in war; like *sanguine* (597) ablative of means.
598. **hunc ... triumphum**: object of *ducere* (599).
  extrema: "remotest parts."
599. **maluerim**: potential subjunctive.

Lucan *De bello civili* IX

    ter: See on 177-8.
600. **frangere ... Iugurthae:** "to break the neck of Jugurtha," the king of Numidia, defeated by Marius in 104 B. C. In accordance with Roman practice he was led in the triumphal procession and then strangled.
602. **Roma:** an apostrophe.
    per quem: "by whom"; with *iurare*.
603. **ceruice soluta:** i.e., from the bonds of tyranny; a direct attack on Nero.
604-6. Cato and his men enter a zone too far south for human habitation.
604. **olim:** "at some point," here referring to the future.
    factura ... es: periphrastic future (AG 158 note).
    spissior: "thicker," i.e., "more intense."
605. **plaga:** "region."
    quam ... ultra: = *ultra quam*, "beyond which."
606. **a medio ... die:** "in the south" (OLD s.v. *ab* 23a).
609. **uix ... loco:** "with the spot scarcely holding (them)."
    siccae aspides (610): "dry asps," < *aspis*. The asp is the common hooded cobra, called dry because of its scales.
610. **dipsades** < *dipsas*, a snake named from the effects of its bite, which caused extreme thirst in the victim. See 737ff. below.
611. **ductor:** sc. Cato.
    perituros [*esse*]: Supply *eos*.
612. **conterrite** < *conterreo*, "frighten"; vocative of the perfect participle.
613. **ne dubita:** negative imperative, a poetic construction (AG 450A).
614. **sanguine:** i.e., of the victim who is bitten.
    pestis: "poison."
615. **uirus:** "venom"; a neuter noun of the second declension.
    fatum: "death."
616. **pocula:** "cups," hence "drinks."
    dubiumque: because it was not certain whether the water would be poisonous.
618. **posceret:** subjunctive in a relative clause of characteristic.
619ff. A mythological narrative explaining the origin of Africa's snakes, description of which will take up much of the rest of the book.
619. **exundet:** "abounds," like *miscuerit* (621) subjunctive in indirect question.
620. **fertilis in mortes:** "fertile for death(s)."
    secreta: modifies *natura* (621).
620-1. **nocenti ... miscuerit ... solo:** "has mixed in with the soil (making it) harmful." The adjective is proleptic.
622. **nisi quod:** "except for the fact that."
623. **pro:** "instead of" (OLD s.v. 6).
624. **finibus:** "borders."
    Libyes: Greek genitive.
625. **Oceanum:** See on 416.

Lucan *De bello civili* IX

demisso sole: "the sun having set (in it)."
626. **squalebant**: "lay barren"; *arua* is the subject.
     Phorcynidos: genitive < *Phorcynis*, "daughter of Phorcys." The Gorgon Medusa was the daughter of the water-divinities Phorcys and Ceto.
627. **coma**: "foliage" (OLD s.v. 3a).
     mollia sulco: i.e., "softened by plowing."
628. **sed ... saxis**: "but rugged, with the rocks having been gazed upon by the face of (their) mistress." The glance of Medusa was petrifying.
629. **hoc ... in corpore**: sc. that of Medusa.
630. **faucibus**: "jaws," hence "throat."
631. **stridula ... sibila**: "shrill hissings." In poetry *sibila* (n.) is used as the plural of *sibilus* (m.).
633. The order of 632-3 was reversed by a modern editor. See H. ad loc.
     gaudentis: Medusa likes having snakes for hair.
632. **femineae ... more comae**: "in the fashion of a woman's coiffure."
634. **aduersa ... fronte**: "(her) brow opposite."
635. **depexo crine**: ablative absolute; *depexo* < *depecto*, "comb."
636. **hoc**: sc. the snakes on her head.
     cunctis: dative after *licet* (637).
     inpune: adverb, "safely."
637. **rictus oraque**: "gaping mouth and face"; accusative plurals.
638. **quis timuit?**: After seeing Medusa's face her victims were instantly turned to stone: no one had time to be afraid.
     recto ... lumine: "with direct gaze."
     se: "her," sc. Medusa, the pronoun reflecting the subject of the main clause rather than its own.
639. **passa ... mori est**: Medusa does not allow her victim to die because he is already dead.
     rapuit: "hastened."
640. **praeuenitque**: "forestalled."
     anima ... retenta: "the breath having been retained," i.e., death was instantaneous; ablative absolute.
     periere = *perierunt*.
641. **nec** = *necdum* with *emissae*: "not yet having been sent forth."
     riguere = *riguerunt* < *rigeo*, "become stiff."
     sub ossibus [< *os*, *ossis*, with short *o*]: "beneath the bones," while still in the body.
     umbrae: poetic plural.
642. **Eumenidum**: genitive plural. The Eumenides (also called Erinyes or Furies) are spirits who avenge murder within a family. Their persecution of Orestes is the most famous example. The Eumenides also had snakes for hair.
     solos ... furores: "only madness," and not petrification.

38

Lucan *De bello civili* IX

        mouere = *mouerunt*, "brought about."
643. **Cerberos**: Cerberus, the three-headed watch-dog of Hades; Greek nominative.
        leniuit < *lenio*, "make less harsh, calm"
        Orpheo ... cantu: "the Orphean song"; ablative of cause; scan *Orpheo* – – –. When Orpheus came to the Underworld to rescue Eurydice, he charmed Cerberus by playing the lyre.
644. **Amphitryoniades**: "son of Amphitryo," i.e., Heracles/Hercules; Greek nominative singular. Amphitryo was the husband of Alcmene, and so supposed father of the hero.
        hydram: The second of Hercules' labors was to slay the Lyrnaean hydra, which he could look at, as one could not look at Medusa.
645. **hoc monstrum**: sc. Medusa. A virtuoso narrative-chain follows, from the loathing of Medusa's birth parents (645-6), through her power over monsters and gods (655-7), to the aid of Mercury and Pallas in Perseus' flight (659-66), to Medusa's marginal survival (670-4) and Pallas' fatal blow (679-80) as she redirects Perseus away from inhabited cities to empty Libya (690), where the barren soil generates the serpents.
645-6. **genitor ... aquis** : "Phorcys, (her) father and second deity for the waters," sc. after Poseidon.
646. **parens**: "mother."
647. **Gorgones**: "Gorgons."
        hoc: sc. *monstrum*.
        minari: See on 237.
648. **mundoque obducere terram**: "and to draw earth over the world," i.e., turn it completely to stone.
649. **uolucres**: "birds."
        lapsae < *labor*, "fall"; supply *sunt*.
650. **haesere** = *haeserunt*.
        ferae: "wild beasts."
        uicina: "the area nearby."
651. **Aethiopum**: See on 517.
652. **animal**: third declension neuter noun.
        uisus: "sight, gaze"; accusative plural (poetic).
        patiens: Supply *erat*.
        retrorsum: "backwards."
653. **Gorgonos**: Greek genitive.
654. **illa**: sc. Medusa.
        Hesperiis ... columnis: "western columns," the Pillars of Hercules at the straits of Gibraltar.
        Titana ... Atlanta (655): Greek accusatives. The Titan Atlas who stood at the Pillars of Hercules with the heavens on his shoulders was turned to stone when Perseus showed him the severed head of Medusa.

Lucan *De bello civili* IX

655. in cautes ... dedit: "turned to stone."
655-8. Perseus gave Medusa's head to Athena, who used it on her breastplate, the aegis, where it kept its deadly powers. In the battle of the gods and giants Athena used it to petrify the enemy.
656. Phlegraeo ... gigantas: "the giants standing with Phlegraean serpent," i.e., "having serpents for feet at Phlegra," the site of the battle of the gods and giants.
gigantas < *gigas*; Greek accusative.
657. erexit montes: "raised up (as mountains)."
658. Pallados: Greek genitive < *Pallas*.
confecit: "put an end to, finished off."
659ff. A very difficult passage describing Perseus' decapitation of Medusa with the help of Athena.
659. quo: "to which place," the African desert.
partu ... nimbo: "from the womb of Danae and the rich shower"; ablative of source after *ortum* (660). Danae was shut in a bronze chamber by her father, who feared an oracle concerning the son who would be born to her. Zeus, however, came to her in a shower of gold and begat Perseus.
Danaes: Greek genitive.
660. Parrhasiae ... pinnae: "Parrhasian wings," Perseus' winged sandals, given to him by Hermes, who was born in Arcadia, the chief city of which is Parrhasia. Note how Lucan pours local allusions on Hermes to avoid using his name, while he repeatedly names Pallas outright.
Persea: Greek accusative.
661. Arcados ... palaestrae: "the Arcadian inventor of the lyre and the slippery wrestling floor." The floor is slippery because wrestlers anointed their bodies with oil before exercising.
Arcados < *Arcas*.
662. subitus: "suddenly"; adverbial.
praepes: "winged one," Perseus.
Cyllenida ... harpen: "Cyllenian scimitar"; Greek accusatives. Mt. Cyllene in Arcadia was Hermes' birthplace; Hermes gave the sword to Perseus.
663. harpen: The repetition of a word or phrase from one line to the next is called epanalepsis or anadiplosis.
alterius monstri: Argus, the hundred-eyed guardian of Io killed by Hermes.
rubentem < *rubeo*, "be red, bloody."
664. a ... iuuencae: "the guardian of the heifer loved by Jupiter having been overcome (*fuso*)"; ablative absolute. Io was transformed into a cow by Zeus to protect her from Hera's jealousy.
665. uolucri ... fratri: "(her) winged brother," Perseus, since both were children of Zeus.

innuba: "unwed."
666. pacta: "having bargained for" < *paciscor*. To bring back the head of Medusa was a task imposed on Perseus by King Polydectes of Seriphus. Athena agreed to help him on condition that the Gorgon's head would be placed in her aegis.
fine: See on 624.
Libyssae = *Libycae*.
667. Phoebeos ... ad ortus: "to the Apollonian risings," i.e., to the east. Scan *Phoebeos – – –*.
668. Gorgonos ... uolatu: "making a furrow through the kingdom of the Gorgon in backward flight," i.e., flying over it heading west but facing east, so as to avoid looking at Medusa.
669. laeuae ... dedit: "gave for (his) left hand."
671. quam: sc. Medusa.
tracturus < *tracto*; governs *aeternam ... quietem*.
673. protenti ... hydri: "snakes (having been) extended from her hair"; *protenti* < *protendo*.
674-74a. oculis ... umbras: "and pours out darkness over her closed eyes and doubles the shadows of sleep." Line 674a was added by H. to give syntax to the reading *oculis*. Some MSS have *oculi*, but Medusa should not be one-eyed.
675. trepidum: modifies Perseus understood.
dextraque: "with (her) right (hand)."
trementem ... Cyllenida ... harpen (676): object of *derigit*.
677. colubriferi: "snake-bearing."
confinia: "boundaries," i.e., the place where the neck joins the body.
678. quos ... uoltus [= *uultus*]: "with what an expression"; the plural is normal in this sense.
hamati: "hooked, curved."
679. caesa caput: "cut as regards (her) head"; accusative of respect.
spirare ... ora (680): "that (her) mouth breathes"; here + ablative; indirect statement.
680. rear < *reor*, "think, conjecture"; potential subjunctive.
quantumque ... mortis: "how much death." Note the switch of construction from *quanto ueneno* (679) to the partitive genitive here.
681-2. uoltusque [= *uultusque*] gelassent [= *gelauissent*] Perseos auersi: either "the face of Perseus turned away would have frozen" or "(her eyes) would have frozen the face..." (H.). *uoltus* can be nominative or accusative; *gelo* is either intransitive or transitive (OLD s.v. 1 and 2).
682. Tritonia: a cult title of Athena; see on 354.
683. texissetque < *tego*, "cover."
colubris: ablative of means.
684. aliger: "winged."

Lucan *De bello civili* IX

   rapta Gorgone: ablative absolute.
685. **pensabat**: "he would shorten," a specialized meaning of *penso* (OLD s.v. 4d). For the mood see on 253.
685-6. **propiusque ... aera**: "and he would cleave the air more closely," i.e., reduce the time of his journey.
686. **scinderet** < *scindo*, "cut through."
688. **parci populis**: "that it be spared to the people," i.e., that the people be spared"; impersonal passive.
   praepete tanto: "with such a flier (passing by)."
689. **aethera**: Greek accusative.
   respiceret: potential subjunctive.
   Zephyro ... ales: "flying with the west wind."
690. **consita** < *consero*, "plant."
691. **sideribus ... uacat**: "lies open to stars and sun."
   orbita: "orbit" in the astronomical sense.
692-5. **nec ... umbram** (695): "nor in any other land does darkness fall from a higher point (*celsior*) into the sky and obstruct the wanderings of the moon, if, having forgotten its curved path it (the moon) rushes straight through the zodiac (*signa*) and does not escape the shadow (by turning) either to the north or to the south." At 534ff. Lucan said that at the equator the sun is directly overhead; he adds here the idea that since the earth has the largest circumference at this point it cuts the highest shadow. Lunar eclipses are then caused by the moon neglecting to avoid the shadow cast by the earth.
696. **nulli ... bono** (697): "no good thing"; dative after *fecundaque*.
697. **stillantis tabe Medusae**: "of Medusa dripping with gore"; depends on *uirus*.
698. **rores** < *ros*, "dew"; appears in both the singular and plural.
699. **incoxit** < *incoquo*, "burn into" + dative.
700ff. A long passage on various types of African snakes, most with Greek names, and the effect of their bites on Cato's men. Much of Lucan's information comes from a Hellenistic poem, the *Theriaca*, by Nicander of Colophon.
700. **hic**: sc. in Africa.
   tabes: here "blood clot," personified in *caput mouit*.
701. **aspida**: Greek accusative. The asp is called *somniferam* because its bite induces torpor.
   leuauit: "raised up." The drops of blood falling from Medusa's head as Perseus flies above Africa are said to have produced each kind of snake.
702. **plenior**: "more abundant."
   huc: "to this place."
   gutta: "drop."
703. **plus**: sc. poison.

coactum: "concentrated."
704. **caloris**: genitive depending on *egens*.
ipsa: sc. the asp.
705. **sponte sua**: "on its own, of its own accord."
tenus: "as far as" + ablative.
metitur < *metior*, "measure," hence "traverse."
706. **quis ... pudor**: "what shame of (over) gain will there be for us?" For *quis* as an adjective see on 232.
707. **huc**: sc. Italy.
mercem: "an item of commerce." The asp was imported for making poison.
708. **at ... cruorem**: "not going to permit to its victims that their own blood remain," sc. in their veins. *passura* < *patior*.
709. **squamiferos ... orbes**: "scale-bearing coils."
haemorrhois: a serpent named from the Greek *haima*, "blood" and *rheo*, "flow"; nominative singular.
710. **natus ... coleret qui**: "born to inhabit"; subjunctive in a relative clause of characteristic.
Syrtidos: Greek genitive.
711. **chersydros**: a serpent named from the Greek *chersos*, "land" and *hydor*, "water"; nominative singular.
tractique: "drawn along."
uia fumante: "smoking track"; ablative of place where or manner. Since the chelydrus is a water-snake, the reference may be to the foam it raises as it moves through the water; it may also be to the unpleasant odor given off by the snake's skin.
chelydri: hard-skinned snakes named from the Greek *chelys*, "tortoise shell" and *hydor*, "water"; nominative plural.
712. **recto ... limite**: "in a straight line."
lapsurus: "able to glide"; for the force of the partciple see on 50.
cenchris: from the Greek *kenchros*, "millet," referring to the small spots on the snake described in the lines following; nominative singular.
713. **uariatam ... aluum**: "on its mottled stomach"; accusative of respect; *aluus* is feminine.
714. **quam**: with *pluribus* (713).
Thebanus ophites: "Theban marble," sometimes called serpentine.
715. **concolor**: "of the same color."
indiscretus: "indistinguishable (from)"; + ablative.
716. **hammodytes**: a snake named from the Greek *hammos*, "sand" and *duo*, "burrow into"; nominative singular.
spinaque ... torquente: "with twisting spine"; ablative absolute taken closely with *uagi*.

cerastae < *cerastes*, "horned viper," from the Greek *keras*, "horn"; nominative plural masculine.
717. scytale: from the Greek *skytale*, "club," which the snake resembles; nominative singular, scanned u u -- .
pruinis < *pruina*, "hoar frost." The scytale sheds its skin in late winter, unlike other snakes, which do so in the summer.
718. exuuias: often used of armor stripped from a dead hero (see on 176-7); here "skin."
positura: "able to lay aside"; see on 50.
dipsas: nominative singular; see on 610.
719. et ... amphisbaena: This serpent, named from the Greek *amphi*, "both" and *baino*, "go," was believed to have a head at each end of its body, and to be capable of moving in either direction.
720. natrix: named from *nato*, "swim."
uiolator: because the snake poisoned the water in which it swam.
iaculique: named from *iaculum*, "javelin," since the snake was credited with the ability to fly; nominative plural.
721. cauda: "tail"; ablative of means.
sulcare: "to carve out, traverse"; governing *iter*.
parias: named from the Greek *paria*, "cheek"; nominative singular.
722. prester: named from the Greek *pretho*, "swell," since the snake opens its mouth very wide; nominative singular.
723. tabificus: "putrifying."
seps: named from the Greek verb *sepo*, "corrupt"; nominative singular.
724. effundens: modifies *basiliscus* (726).
725. ante ... nocens: "harmful before (its) poison," i.e., it kills by its breath alone before it bites.
sibi summouet: "moves out of its way."
726. basiliscus: named from the Greek *basileus*, "king," because the snake has a marking similar to a crown.
727. innoxia numina: "(as) harmless divinities." Non-poisonous snakes were worshipped as propitious spirits.
728. dracones < *draco*, "dragon," a name given especially to tame snakes kept as pets.
729. letiferos ... facit: "makes (you) deadly."
729-30. ducitis ... aera: "you draw in the upper air," continuing direct address to the dragons.
730. cum pinnis: The natural sense would be "with wings," but this contradicts line 728 (*serpitis*); more likely *pinnis* = *auibus*, "with the birds."
731. amplexi < *amplector*, "twist around." This would seem to describe the python.
732. spatio: "through its size"; ablative of means.
leto: "death."

733. **opus est**: + dative of the person and ablative of the thing; see on 69.
ad noxia fata: "for (causing) horrible deaths."
734. **duro ... milite**: "hardened troops"; collective noun.
735. **emetitur**: See on 705.
suorum: "his own (men)."
737. **signiferum**: "standard-bearing." The standard-bearer was the disciplined veteran who went before his military unit, hence the horror of his running amok (747-749), and the command to uproot the standards, now held by another man (761).
Tyrrheni ... Aulum: "Aulus, of Etruscan blood"; in apposition to *iuuenem*.
738. **torta** [< *torqueo*] **caput**: "having twisted its head. See on 171-72.
momordit < *mordeo*, "bite."
739. **leti frons** (740): "appearance of death," i.e., of the deadly wound.
740. **inuidia**: "spite"; ablative with *caret*.
minatur: *plaga* is the subject, *quicquam* the object.
741. **medullas**: "marrow"; the plural is common.
742. **edax**: "consuming."
743. **circum uitalia**: "around the vital organs."
744. **pestis**: "venom"; subject of *ebibit* (743).
palato: "roof of (his) mouth."
745. **iret**: subjunctive in a relative clause of characteristic.
745-6. **sudor ... non fuit**: The order is *non fuit sudor qui...*
746. **uena**: "spring."
748-9. **tenuere** [= *tenuerunt*] ... **ne spargere** ... **auderet**: "kept back ... from daring to throw down."
749. **exquireret**: *aquas* (750) is the object.
750. **sitiens**: modifies *uenenum*.
751. **Tanain**: Greek accusative.
Rhodanumque: the river Rhone.
Padumque: the river Po.
752. **arderet**: imperfect subjunctive in the apodosis of a present contrary to fact condition; the protasis is expressed by the participles *missus* (751) and *bibens* (AG 521a).
753. **accessit** < *accedo*, "add to."
fatique ... famam (754): "reputation of (for dealing) death"; objective genitive.
754. **adiuta** < *adiuuo*, "help." The participle has causal force: the dipsas deserves less credit for deadliness because it has the help of the African heat.
755. **scrutatur** < *scrutor*, "search for." Aulus remains the subject.
uenas: "channels of water."
penitus: "deep within."

756. **fluctus**: most often used of the sea, and so emphasizes Aulus' maddened drinking of salt water.
758. **mortemque ueneni**: "death by posoning"; explanatory genitive.
759. **sitim**: accusative singular < *sitis*.
   tumentis = *tumentes*, modifying *uenas* (760), here "veins."
760. **sustinuit**: "he endured."
761. **signa rapi**: sc. the march to prceed.
   propere: adverb, "hastily"; scan u u – .
   nulli: dative after the impersonal *permissum est* (762).
762. **hoc posse sitim**: "that thirst has this power"; see on 134.
   illo = *illius morte*, ablative of comparison after *tristior*.
763. **crure** < *crus*, "ankle."
   Sabelli: Sabellius, another soldier.
764. **stetit**: "stuck."
   flexo dente: "with bent fang," i.e., the snake twisted backwards to bite the soldier.
765. **auolsit** = *auulsit* < *auello*, "tear off."
766. **modo**: "in size"; ablative of specification.
   qua: The ablative would seem to require a comparative, but Lucan has instead written *tantum* (767). The sense is clear: "but no other (*ulla*, sc. *serpens*) has so great (a power) of bloody death."
767. **plagae proxima**: "next to the wound."
   circum: "(all) around"; adverbial.
768. **rupta**: modifies *cutis*, "skin."
   pallentiaque < *palleo*, "be white."
769. **sinu laxo**: "with gaping hole."
   uolnus = *uulnus*. Modified by *nudum* the sense is "stripped of flesh."
770. **sanie** < *sanies*, "corruption."
   surae < *sura*, "calf (of the leg)."
   fluxere = *fluxerunt*.
771. **tegmine** < *tegmen*, "covering."
   poples "knee."
   femorum < *femur*, "thigh."
   musculus: "muscle."
772. **liquitur** < *liquor*, "dissolve."
   destillant: "drip, run down."
   inguina < *inguen*, "groin"; the plural is usual.
773. **dissiluit ... membrana**: "The membrane holding in the stomach bursts out."
774. **quantus ... debet**: "as much as there ought (to be) from a whole body"; the antecedent of *quantus* is *Sabellus* (763). Duff translates, "but there is less of him that an entire body should supply." See. H.'s apparatus.
776. **decoquit** < *decoquo*, "boil down"; *saeuum uenenum* (775) is the subject.

Lucan *De bello civili* IX

       in minimum ... uirus: "into the smallest (bit of) putrefaction." Lucan sometimes uses *uirus* (second declension neuter noun) of a serpent's venom, sometimes to mean "corruption."
779. This line has been placed here by H. See his apparatus ad loc.
       pestis: genitive singular depending on *natura*.
778. **abstrusum** < *abstrudo*, "conceal."
       fibris uitalibus: "vital organs."
780. **patet**: agrees in number with the nearest subject.
       manant: "become liquid, ooze."
781. **calido ... Austro**: ablative of means with *resoluta* (782), "melted."
       ocius: "more swiftly"; comparative adverb.
782. **cera**: "wax."
       solem ... sequetur: "will follow the sun," i.e., melt.
783. **parua loquor**: governs the following clause in indirect discourse: "I speak of trivial things, that ... "
       stillasse = *stillauisse*.
       perustum < *peruro*, "completely consume."
784. **hoc ... potest**: See on 134 and 762.
       quis: modifies *rogus*; see on 232.
787. **Cinyphias**: "African," from the river *Cinyps*, which flows between the Syrtes.
       tibi: sc. the *seps*; dative of possession.
       palma nocendi: "the prize of (for) destruction;" genitive of the gerund.
789. **facies**: "form."
       leto ... fluenti: "flowing death," i.e., death by liquefaction; dative after *diuersa* (OLD s.v. 6b).
790. **Nasidium**: "Nasidius," a soldier.
       Marsi ... agri: The territory of the Marsi, an old Italian tribe, was near the Fucine Lake in Latium.
791. **illi**: dative of reference.
792. **tendit**: "stretches."
       pereunte figura: "with the form vanishing," i.e., he became so bloated that his features could not be recognized; present ablative absolute.
793. **toto ... corpore**: ablative of comparison after *maior*.
794. **humanumque ... modum**: "human measure," i.e., the natural confines of the body.
795. **efflatur** < *efflo*, "blow out."
       pollente < *polleo*, "exert power."
796. **congesto corpore**: "bloated body."
797. **lorica**: "breastplate."
       auctum < *auctus*, "growth."
798. **spumeus ... cumulus** (799): "foaming cloud."
       accenso ... aeno: "(from) a heated bronze cauldron." Scan *aeno* u – – .

exundat. "well up."
799. carbasa: See on 77.
Coro < *Corus or Caurus*; "north-east wind"; ablative of place or cause.
800. curuauere = *curuauerunt*; gnomic perfect (AG 475).
sinus: accusative plural.
801. informis globus: "shapeless mass."
confuso pondere: "indistinguishable bulk"; ablative absolute.
802. intactum: modifies *cadauer* (804).
803. non ausi: sc. the soldiers.
804. nondum stante modo: "with its size not yet fixed"; i.e., the body was still swelling; present ablative absolute.
fugere = *fugerunt*.
806. Tullo: Tullus, a soldier; dative after *inpressit*.
807. miratorique: "admirer."
808. totis ... signis: "from all (parts of) statues"; ablative after *fundere*.
809. Corycii pressura croci: "essence of Corycian saffron." Corycus in Cilicia was famous for saffron, which these lines suggest was forced out of statues in liquid form as a way of perfuming theaters.
810. emisere = *emiserunt*.
uirus: See on 776.
811. foramina: "openings in the body."
nouit: "is acquainted with," hence "makes use of."
812. umor: "bodily fluid."
ora: poetic plural.
redundant: "overflow," sc. with blood.
813. plenis ... uenis (814): sc. the blood in his veins.
814. totum ... corpus: "his whole body is nothing but a wound."
815. Laeue: a soldier Laevus; the vocative apostrophe adds variety.
fixus: "stopped, frozen"; modifies *cruor*, "blood" (816).
praecordia pressit: "stopped (your) heart."
816. Niliaca serpente: "snake of the Nile," i.e., an asp; ablative of means after *fixus* (815).
817. testatus < *testor*, "make known."
morsus: accusative plural.
subita caligine: "sudden darkness"; ablative of means.
818. socias ... ad umbras: for *sociorum ad umbras*, "to the shades of (your) companions." The figure is called hypallage.
819. corrumpunt: The subject is *toxica ... matura*, "ripe poison" (821), the object *pocula*.
820. mentita < *mentior*, "lie"; here transitive, "imitate, counterfeit."
uirgas ... Sabaeas: "Sabaean stalks," i.e., Arabian incense. The Sabaeans were a Semitic people living in Arabia.

821. **fatilegi ... Saitae:** "death-gathering Saitae." The scholia say that the Saitae, inhabitants of lower Egypt, possessed a poison that smelled like Arabian incense. *Saitae* is scanned u – – .
822. **saeuos** = *saeuus*, modifying *serpens* (823).
sterili ... robore trunci: "bare wood of a tree trunk"; ablative of place where.
se ... torsit et inmisit (823): "coiled itself and sprung out."
823. **iaculum:** See on 720.
824. **Pauli:** Paulus, a soldier.
transactaque tempora: "pierced temples."
825. **nil ... agit:** "Poison does nothing there," i.e., plays no part in causing death.
rapuit: Understand Paulus as object.
826. **deprensum est:** "(then) it was realized ..."; introduces an indirect question; the same verbal construction is used at 531-32.
quae: accusative plural object of *rotat*.
funda: "sling."
uolarent...strideret (827): imperfect subjunctives in an indirect question.
827. **quam:** "how."
Scythicae: used for Parthian; see on 267.
strideret: "whizzes."
harundinis < *harundo*, "reed," here "arrow" (OLD s.v. 4).
828. **quid prodest:** "of what use"; the subject is *basiliscus ... transactus* (829).
cuspide: "spear-point."
Murri: Murrus, a soldier.
829. **per tela:** i.e., along the shaft of the spear.
830. **quam:** sc. *manum*.
retecto ... ense (831): "with unsheathed sword"; ablative absolute.
831. **armo** < *armus*, "arm."
832. **exemplarque:** "pattern," since the severed hand was consumed by the snake's poison.
833. **fata:** the power of death, parallel to *uires* and object of *habere* (834).
putarit = *putauerit*; potential subjunctive.
834. **scorpion:** Greek accusative; subject of *habere* in indirect discourse.
maturae: "swift" (OLD s.v. 8).
aut: connects *fata* (833) and *uires* (for the plural see OLD s.v. *uis* B).
835. **ille:** sc. the scorpion.
nodis et recto uerbere: " knots (i.e., knotted tail) and raised stinger."
836. **teste ... Orionis:** "with heaven as witness won the glory of Orion defeated," i.e., of defeating Orion. Orion attempted to assault the goddess Artemis, who summoned a huge scorpion from the earth to kill him. Both Orion and the Scorpion became constellations.
837. **metuat:** potential subjunctive.

Lucan *De bello civili* IX

salpuga: a poisonous ant.
latebras: "hiding places."

838. **Stygiae ... sorores**: "the Stygian sisters," the Fates (also called *Parcae*), Clotho, Lachesis, and Atropos, who were represented as spinning men's destinies. Death comes when the thread runs out or is cut. The adjective "Stygian" is from the river Styx in the underworld, and has the general sense in poetry of "pertaining to Hades" (i.e., death).
in sua fila. " over their threads." For *in* in this sense see OLD s.v. 11b).

840. **suspecta ... tellure**: ablative absolute; *tellure* here "ground."
miseris: sc. the soldiers; dative of agent.

841-2. Lucan switches the syntax of parallel structures: *cubilia* (here the object of *struxere*) are opposed to *tori* (nominative), as *frondes* (nominative) to the instrumental ablative *culmis*.

841. **congestae ... frondes**: "piled up branches."
cubilia < *cubile*, "bed."

842. **culmis** "straw."
creuere [= *creuerunt*] < *cresco*, "grow."
corpora: accusative of respect after *expositi* (843).

843. **uoluuntur**: The subject changes to the men.
uapore: "breath"; ablative of means.

844. **adliciunt** < *adlicio*, "attract."
nocturno frigore: ablative of cause after *gelidas*.

845. **innocuosque ... rictus**: object of *fouent* (846); the "gaping mouths" of the serpents are harmless in the cold.

846. **uiarum**: "the march."

847. **quis**: used adjectively.
modus: "limit." The soldiers did not know how far they had gone or how far they had to go. H. explains that they were able to guide their journey by watching Ursa Minor: as long as it neither rose nor sank in the sky they knew they were travelling west. But now they could not gauge the extent of their journey by the constellations as they could have done further north.
norunt = *nouerunt*.

848-80. The long complaint of the soldiers, presented as a speech, increases pathos.

849. **Thessaliam**: sc. the battle of Pharsalus.
segnia fata: "lingering deaths," suitable for cowards.

850. **in ... manus**: "a band having sworn to face (*in*) swords"; see also on 257.

851. **peragunt**: "wage."

852. **qua**: "where"; supply *est*.
zona rubens: "the torrid zone."
axis: "pole," hence "sky."
inustus: "scorched." The prefix is intensive.

853. **equis**: ablative of means. Apollo was pictured as driving his fiery chariot across the sky each day.
854. **quod peream**: "the fact that I perish," i.e., "my death"; object of *ascribere* (853).
    caeloque: "weather"; ablative of means.
    nil = *nihil*; object of *queror* (855).
856. **ablatum** < *aufero*, "take away" + dative of separation.
    orbem: "region" (OLD s.v. 13).
857. **inpatiensque ... Cereris**: "a land impatient of Ceres," i.e., not supporting crops. The goddess of grain, Ceres, is used by metonymy for the grain itself.
858. **desse** < *desum*, "lack" + dative.
859. **accipe poenas**: "take retribution."
860. **superum** = *superorum*; partitive genitive. The soldiers suppose that they are trespassing on the territory of a particular god.
    perosus < *perodi*, "hate exceedingly." The participle is active.
861. **hinc ... hinc**: "on the one hand ... on the other"; see also on 377.
    plaga: like *Syrtibus*, ablative of means with *abrumpens* (862).
862. **medio ... limite**: "the space dividing"; ablative of place where.
863. **secreta**: "secret parts."
    tui ... recessus: genitive depending on *secreta*.
864. **tibi conscius**: "sharing knowledge with you" + genitive.
865. **claustra**: "barriers." The soldiers imagine a barrier in the extreme west beyond which further wonders await them.
866. **ingressis** [< *ingredior*] "for those having entered" the *claustra mundi* (865).
    stridentibus: "hissing" because the sun is setting in the water.
867. **et ... poli**: i.e., the sky is closer to the earth.
    set = *sed*.
    longius: comparative adverb with *iacet* (868).
    istac: "there," sc. along that path which the soldiers are on; H.'s emendation.
868. **quam**: after *longius* (867).
869. **Iubae**: See on 300.
    quaeremus < *quaero*, "seek, desire."
870. **solacia**: "solace," a neuter noun used in both the singular and plural.
871. **uiuit**: i.e., in the place towards which they are marching perhaps even snakes cannot survive.
872. **Europamque ... uidentem**: Since the soldiers are in Africa, the position of the heavenly bodies is different for them from what it would be in the other continents.
    alios soles: object of *uidentem*.
873. **qua ... parte**: ablative of place where; *qua* is the interrogative adjective.

Lucan *De bello civili* IX

874. **Africa**: In their confusion the soldiers imagine that they have marched beyond the boundaries of Africa.
Cyrenis: "at Cyrene"; locative.
875. **exiguane uia**: "short march"; ablative of means.
anni: See on 377.
876. **imus** < *eo*.
aduersos: "opposite." The soldiers talk as if they were marching south instead of west, and have crossed the equator, from which the south wind was supposed to rise. They would thus have the wind behind rather than in front of them.
878. **sub pedibus**: They suppose they have marched straight around the globe.
879. **ueniant ... sequatur**: jussive subjunctives.
880. **questus**: "complaints"; accusative plural.
881. **exonerat** < *exonero*, "throw off."
884. **omnibus ... fatis**: sc. at each man's death.
unus: "he alone."
885. **meritum**: "service."
salute: "survival"; ablative of comparison.
886. **in letum uires**: "strength for death"; in apposition to *meritum* (885).
gementem < *gemo*, "moan."
887. **habuisset**: potential subjunctive, which is rare in the pluperfect.
888. **lues**: "calamity."
casus: accusative plural.
889. **spectatorque**: "and as an observer."
nil = *nihil*.
890. **uix**: "reluctantly."
lassata: Fortune is tired out from all the trials she has imposed on Cato and his men.
892. **innoxia**: "unharmed."
893. **Marmaridae Psylli**: "the Marmarican Psylli," a people living on the coast of north Africa between Cyrenaica and Egypt. Since Cato had marched out of their territory by now, we must suppose that he took some of the Psylli with him (see on 911 below).
par lingua: Understand *est*, "(Their) voice is equal (in power)" + dative.
894. **cruor**: "blood."
894-5. **nullumque ... potens**: The Psylli's blood contains its own antibodies with the power to exclude all poison, even if the spells are interrupted.
897. **posuisse**: complement of *profuit*, "it was a benefit."
898. **pax**: "treaty, pact" (OLD s.v. 1), in that they do not die by snakebite.
fiducia ... sanguinis (899): "confidence of (in their) blood"; objective genitive.
899. **in terras .... decidit**: i.e., is born.

Lucan *De bello civili* IX

900. **nequa ... timentes**: "fearing lest there be any admixture of foreign love, " i.e., that the child is not of pure Psyllan blood. Venus is used by metonymy for love in its sexual aspect.
901. **dubios ... partus**: "the suspected offspring"; the plural is common. **explorant**: "test."
902. **utque**: "as," introducing a simile.
Iouis uolucer: the eagle, which served as the messenger of Zeus/Jupiter.
calido ... ouo: ablative of separation with *protulit*.
903. **inplumis** = *inplumes*, "without feathers, unfledged."
904. **qui** = *ei qui*.
potuere [= *potuerunt*] ... **sustinuere** [= *sustinuerunt*] (905): gnomic perfects; see on 800.
lumine recto: "in direct light."
905. **diem**: i.e., light of day, the sun.
usus: accusative plural.
906. **cessere** = *cesserunt*.
pignora gentis: "guarantees of the tribe," i.e., sure means of determining its true members.
907. **siquis**: modifying *infans* (908).
908. **lusit** < *ludo*, "play (with)"; as with *horruit* (907) gnomic perfect.
910. **excubat hospitibus**: "keeps watch for strangers."
911. **adest**: "is present to help" + dative.
912. **statui tentoria**: "that the tents be pitched."
913. **ualli spatium**: "the course of the rampart." Roman soldiers fortified their camps by building a palisaded rampart, which was then surrounded by a ditch.
914. **fugantibus**: See on 164.
915. **ultima castrorum**: "boundaries of the camp."
medicatus ... ignis: i.e., in which healing plants were burned.
916. **hic**: "here."
ebulum: "elder wood"; nominative singular.
peregrinaque galbana: "and foreign galbanum"; nominative plural. The plant comes from Mt. Amanus in Syria.
917. **tamarix ... comas**: "the tamarisk, not fruitful in its foliage." *comas* is accusative of respect.
Eoaque costos: "eastern costus," an herb. See on 516.
918. **panacea**: "all-heal," an herb named from the Greek *pan*, "all," and *akos*, "cure."
Thessala centaurea: "Thessalian centaury," named from the centaur Chiron, who discovered its medicinal qualities. See on 536.
919. **peucedanonque**: "hay's fennel" or "sulphur-wort"; Greek neuter nominative.
sonant: The plural verb covers all the herbs listed since *sudant* (916).

Lucan *De bello civili* IX

      Erycinaque thapsos: "Sicilian thapsus" or "thapsica." The adjective derives from Mt. Eryx, on a promontory in Sicily.
920. **larices** < *larix*, "larch."
921. **habrotonum**: "southern-wood," also spelled without the aspirate; modified by *grauem* (920), "harmful."
      longe ... cerui: "horns of the deer born far away."
922. **diurna fata** (923): "disaster during the day."
924. **rapti ... ueneni**: the venom taken in by the victim.
925. **tacta ... saliua**: The action is mutual: the saliva touches the limbs and vice-versa.
      designat: "marks"; the subject is one of the Psylli.
926. **retinetque ... pestem**: i.e., prevents the venom from moving throughout the body.
927. **uoluit** < *uoluo*: "pour out."
      carmina: "incantations."
928. **suspiria**: "time to breathe"; neuter plural.
      cursus uolneris (929): "progress of the wound"; subject of *dat*.
929. **minimum**: "even for a moment"; adverb.
      patiuntur: The subject is *fata*.
930. **nigris ... medullis**: "having been introduced into the blackened marrow." *nigris* is proleptic.
931. **excantata** < *excanto*, "bring out by enchantment."
      tardius: comparative adverb.
      audit: "obeys."
933. **super**: adverb with *incumbens*.
      lambit < *lambo*, "lick." The subject is again one of the Psylli.
934. **artus**: accusative plural.
935. **extractamque ... mortem**: "sucked-out death."
      potens: modifies the understood subject *Psyllus*.
936-7. **et ... ueneni**: "and it is easy (*promptum*) for the [other] Psylli to know simply (*uel* [OLD s.v. 5]) by the taste of the poison the bite of what kind of snake he has overcome."
940. **Phoebe**: i.e., Diana, sister of Phoebus (Apollo); here moon by metonymy. Lucan exaggerates in claiming a march of two months. Plutarch says seven days, Strabo one month. Scan – ‿ .
941. **hareniuagum**: "wandering over the desert," a *hapax legomenon*.
      surgens fugiensque: "waxing and waning."
942. **illi**: sc. *Catoni*; dative of advantage.
      durescere: "to become solid." The soldiers were marching back to solid land.
943. **coepit**: governs the following complementary infinitives.
      spissata < *spisso*, "thicken, condense."

945. **non culta mapalia**: "simple huts." *non culta = inculta*, which the meter would not permit in this place.
culmo: "straw."
946. **melioris ... terrae**: "how much joy (in the promise) of a better land."
947. **contra**: "opposite"; adverb.
uidere = *uiderunt*.
948. **Leptis**: See on 524.
949. **exegere** = *exegerunt*.
statione quieta: ablative of place where.
950ff. The scene changes abruptly in time and place to Caesar and his movements after the battle of Pharsalus.
950. **ut**: "when."
Emathia ... clade: See on 33.
951. **cetera curarum ... pondera**: hypallage for "the weights of all other cares."
soli: dative modifying *genero* (952).
953. **legens**: "tracking."
fama duce: "with report as leader"; present ablative absolute.
954. **Threiciasque ... fauces**: literally, "the Thracian jaws," i.e., the Hellespont, described in a short mythological excursus.
legit: See on 38.
954-5. **amore notatum aequor**: the Hellespont. Having fallen in love with Hero, a priestess of Aphrodite at Sestus, Leander swam across the Hellespont from Abydus each night to visit her. She guided him by a light in a tower; when a storm extinguished it Leander was drowned, and Hero leapt into the sea.
955. **Heroas** < the *hapax* adjective *Herous*; "of Hero"; scan – – – .
lacrimoso litore: ablative of place where.
turres: poetic plural.
956. Phrixus and Helle were carried across the strait on a golden ram to escape the plotting of their stepmother Ino. Helle fell into the sea, giving it the new name Hellespont.
pelago: ablative of separation with *abstulit*.
Nepheleias: "daughter of Nephele"; Greek nominative.
Helle: Greek nominative; scan – –.
957. **disterminat**: "separate."
958. **fluctus**: Take closely with *breuioris aquae* (957).
Byzantion: Greek accusative.
arto ... cursu (959): "narrow channel"; the Bosporus, which joins the Black Sea with the Sea of Marmora.
959. **Pontus**: the Black Sea.

Lucan *De bello civili* IX

    ostriferam ... Calchedona: "oyster-bearing Chalcedon"; Greek accusative. Chalcedon is on the Asiatic side of the Bosporus, Byzantium on the European.
960. **Euxinum**: the Black Sea, object of *ferens*.
    paruo ... ore: "small opening"; ablative of means.
    Propontis: the Sea of Marmora, subject of the clause.
961. **Sigeasque ... harenas**: "Sigean sands." Sigeum is a town near Troy; where Achilles was said to be buried.
    famae mirator: "an admirer of glory"; sc. Caesar, who is described as engaged in a kind of historical-literary tour of the Troad; cf. *miratorique Catonis* (807).
962. **Simoentis**: genitive. The river Simois flows through the Troad.
962-3. **Graio ... Rhoetion**: "Rhoeteum, famous because of its Greek tomb," sc. that of Ajax. *Rhoetion* is a Greek neuter accusative.
963. **debentis** = *debentes*. *multum* is the object.
    uatibus: i.e., Homer and the poets of the Cyclic epics.
965. **Phoebi ... muri**: The walls of Troy were built by Apollo and Poseidon.
966. **robore**: "wood"; ablative of specification with *putres*.
967. **Assaraci ... domos**: "the palace of Assaracus," the grandfather of Aeneas' father Anchises; *domos* is poetic plural.
    pressere = *presserunt*.
968. **lassa radice**: "drooping root"; ablative of means.
969. **Pergama**: the citadel of Troy, used in both the singular and the plural as a synonym for the city.
    dumetis: "brambles."
    etiam: "even."
    periere = *perierunt*.
970. **Hesiones scopulos**: "the rocks of Hesione," daughter of Laomedon, who was exposed to a sea monster and rescued by Heracles. *Hesiones* is a Greek genitive.
    latentis = *latentes*.
971. **Anchisae thalamos**: "the marriage chamber of Anchises." Anchises lay with the goddess Aphrodite in the woods of Troy; their son was Aeneas. The plural of the noun is regular in poetry.
    quo ... antro: "in what cave"; introduces an indirect question with a subjunctive verb, as in the following clauses.
    iudex: Paris, who judged the contest of beauty between Aphrodite, Hera, and Athena.
972. **puer**: the Trojan prince Ganymede, who was taken up to Olympus by Zeus (or in some versions his eagle) to serve as a cup-bearer to the gods.
    raptus: Supply *sit*.
    caelo: = *in caelum*.
    uertice: "mountain-top."

Lucan *De bello civili* IX

      Nais ... Oenone (973): "the Naiad Oenone"; scan as – – and – – – .
Oenone was the mistress of Paris, who deserted her for Helen. Her lament is the subject of one of Ovid's letters in the Heroides (5).
973. **luxerit** < *lugeo*, "mourn."
      sine nomine: sc. without some mythological story attached to it.
974. **serpentem** < *serpo*, "wind."
975. **Xanthus**: the Trojan river identified with the Scamander by Homer (*Iliad* 20.74). Later authors treat the two as distinct.
976. **gressus**: accusative plural.
      Phryx incola: "the Phrygian (i.e., Trojan) native."
      manes Hectoreos (977): "the Hectorean shade," i.e., the hero's grave.
977. **discussa**: See on 459.
978. **nec ... sacri**: "and not preserving the appearance of anything sacred."
979. **Herceas ... aras**: "the Hercean altar," i.e., the altar of Zeus Herkeios, protector of the hearth. The plural is poetic. Scan the adjective -- -- -- .
      monstrator: "guide"; only here without a qualifying genitive.
980-6. An aside on the power of poetry to preserve the reputation of great men.
980. **fato**: ablative of separation after *eripis* (981).
981. **aeuum**: "long space of time, " hence "immortality (OLD s.v. 6 b)."
982. **ne tangere**: present imperative passive; see on 613.
983. **siquid**: object of *promittere*.
      Latiis ... Musis: dative after *fas est*. In lines 983-86 Lucan pays traditional respect to the supremacy of Homeric epic.
984. **quantum**: adverbial, "as much as."
      Zmyrnaei ... uatis: "the Smyrnean bard," i.e., Homer. Smyrna in Asia Minor was one of several cities that claimed to be the birthplace of Homer.
985. **uenturi ...legent**: "those to come will read me and you," i.e., future generations will read about Caesar's deeds in Lucan's poetry. (A reference to Caesar's historical works is probably not meant.)
      Pharsalia nostra: the battle which Caesar fought and Lucan described in poetry. It is from this line that the poem wrongly takes its traditional name. See H. ad loc.
986. **tenebris**: "shadows"; dative after *damnabimur*.
987. **ut**: "when."
      ducis: sc. *Caesaris*.
      inpleuit: *uetustas* is the subject.
988. **subitas**: "sudden," hence "improvised."
      congestu caespitis: "a pile of sod."
989. **turicremos**: "incense-burning."
      non inrita: "not in vain"; litotes; see on 48.
990. **di cinerum**: "divinities of the ashes," i.e., "spirits of the dead." *cinerum* < *cinis*.
      colitis: "inhabit."

Lucan *De bello civili* IX

991. **Aeneaeque mei ... lares** (992): "and household gods of my Aeneas." The *gens Iulia* claimed descent from the goddess Venus through Aeneas and his son Ascanius, also called Iulus.
Lauinia sedes: "the Lavinian seat," i.e., Lavinium, a city in Latium founded by Aeneas and named after his Italian wife Lavinia.
992. **Alba**: Alba Longa, the Latin city founded by Ascanius.
993. **ignis ... Phrygius**: "the Phrygian fire," which was supposedly brought from Troy to Italy by Aeneas and became the fire preserved by the Vestal Virgins.
nullique: dative of agent after *aspecta*.
994. **Pallas**: a reference to the Palladium, a statue of Athena which stood in the temple of Vesta as protectress of Rome.
995. **Iuleae**: Scan u – – – .
clarissimus ... nepos (996): "most illustrious descendant."
996. **tura**: See on 10.
997. **rite**: adverb, "solemnly."
date: imperative = the conditional *si dederitis*.
in cetera: "for other things," i.e., in the future.
998. **populos**: sc. your people.
grata uice: "in grateful return."
999. **Ausonidae**: "the Italians." The name is used of the ancient inhabitants of central Italy; see also on 43. The form here is unique in Lucan, and modeled on a patronymic, but the men of Italy had no ancestor Ausonius. Elsewhere the poet uses *Ausonia* and *Ausonii* freely.
Pergama: Lucan seems to refer to a plan Caesar is said to have conceived of changing the capital of the Empire from Rome to Troy or Alexandria (see Suetonius, *Julius* 79).
1001. **Coris**: See on 799.
1002. **Iliacas ... moras**: with *auidus* (1001); "anxious to make up for Trojan delays." Ilium is a poetic name for Troy.
1003. **praeuehitur** < *praeuehor*, "speed past."
Rhodon: the island of Rhodes; Greek feminine accusative.
1004. **Zephyro ... rudentes**: "with the west wind never letting the ropes slacken"; present ablative absolute.
1005. **Phariis ... flammis**: "Pharian lights," i.e., the lighthouse at Pharos.
1006. **prius ... quam** (1007) = *priusquam*; the tmesis (separation) is common.
orta dies: i.e., "sunrise." It was daybreak before the fleet entered the harbor.
lampada: "light, lamp"; Greek accusative.
1007. **intraret**: subjunctive because the idea of anticipation is present. See AG 551b: "purpose or expectancy in past time or when the action it denotes did not take place."
1009. **accipit**: "perceives by hearing," hence "finds."

Lucan *De bello civili* IX

       dubiis ... regnis: poetic plural.
       ueritus < *uereor*, "fear."
1010. **abstinuit ... rates**: "kept his ships from the land." The transitive use of *abstineo* is the original one.
       dira: modifies *dona* (1011); poetic plural to match *colla* (1012).
       satelles: "henchman." His name was Theodotus, a tutor of King Ptolemy.
1012. **colla** < *collum*, "neck," like *ceruix* used of a severed head (OLD s.v. 3).
       Phario uelamine: "Egyptian cloth," i.e., linen.
1013. **prius**: "first."
       infanda ... uoce: "unspeakable (abominable) speech."
1014. **maxime**: vocative.
1015. **secure**: vocative, explained by *genero perempto*.
1016. **rex ... Pellaeus**: sc. Ptolemy. See on 153.
       tibi ... donat (1017): "remits to you," hence "saves you."
1017. **quod ... defuit**: object of *exhibet* (1018).
1018. **absenti**: Supply *tibi*, "for you being absent."
       peractum est: "has been concluded."
1020. **tanto ... pignore**: "with so great a pledge"; ablative of price.
1021. **percussum est** < *percutio*, "strike," in an idiom similar to the English "strike a bargain."
1023. **Niliaci ius gurgitis**: "authority over the river Nile."
1024. **dares**: potential subjunctive, "you would have given."
       clientem: sc. King Ptolemy.
1025. **crede**: "entrust."
1025-6. **cui ... tuum**: "for whom the Fates have wished that so much be permitted against your son-in-law."
1026. **uoluere** = *uoluerunt*.
       nec ... putaris = *nec putaueris*: negative jussive subjunctive (perfect), regular in prohibitions.
1027. **nobis**: dative of agent.
       quod: "because."
1028. **auitus**: "ancestral."
       erat: Understand Pompey as subject. See on 131-2.
       depulso ... parenti: "the banished father (of the king)."
       sceptra: poetic plural.
1029. **feram** = *dicam*; potential subjunctive.
       nomina: poetic plural.
1030. **famam ... mundi**: "the opinion of the world."
       consule < *consulo*, "look to"; imperative.
1031. **fateris** < *fateor*, "admit."
1032. **fatus**: See on 109.
       opertum < *operio*, "conceal."
1033. **tenuitque**: The verb is oddly used in the sense of *porrexit* or *ostendit*.

Lucan *De bello civili* IX

1034. **effigies**: i.e., "features."
habitum: "appearance."
1036. **uoltus** = *uultus*; accusative plural (poetic).
dum crederet: "until he was sure," sc. that the head was really Pompey's.
1037. **ut**: "when."
fidem ... sceleris: See on 140.
tutumque putauit: "thought it safe."
1038. **non sponte**: "not of his own accord," hence "insincerely."
1039. **expressit**: "forced out."
1040. **non aliter ... quam** (1041): "in no other way ... than."
potens: "able," followed by the infinitive *abscondere* in an unusual construction based on analogy with the Greek participle *dunamenos*.
1042. **destruit**: i.e., "he makes nothing of."
mauolt = *mauult*.
reuolsum [= *reuulsum*] < *reuello*, "tear off"; modifies *caput* (1043).
1043. **quam debere**: "than to owe (it)," i.e., than to have it as a debt owed to Ptolemy.
qui = *is qui*, i.e., Caesar.
membra senatus: "the limbs of the senate," i.e., the bodies of the senators killed at Pharsalus.
1044. **calcarat** = *calcauerat*.
uoltu = *uultu*.
sicco lumine: "dry eye."
1045. **uni tibi**: dative after *negare*.
1047. **huncine**: emphatic form < *hunc* + *ne*; the ending -*ce*, which becomes -*ci*, is a demonstrative (deictic) particle (AG 146 Note 1).
Marte: See on 293.
1048. **qui ... erat**: "who ought to have been be mourned by you."
1048-9. **nunc ... generis** [< *genus*]: "Now do the ties of allied family touch you?"; a reference to Pompey's marriage to Julia (see on 4).
1049. **gnata ... neposque**: "(your) daughter and granddaughter." Julia died in childbirth and her daughter a few days later.
iubet: agrees in number with the nearest subject; understand *te* as object.
1050. **amantis** = *amantes*; with *populos*, "foreign nations."
1051. **tyranni**: objective genitive.
1052. **tangeris**: second person singular present passive < *tango*.
in uiscera: "against the innermost parts," i.e., "against the life."
1053. **hoc ... doles**: "you grieve that this was permitted to another," sc. Ptolemy had the pleasure of killing Pompey and so took it away from Caesar.
alii: dative.
quererisque < *queror*; governs indirect discourse.
perisse = *periuisse*.
1054. **uindictam belli**: "the vengeance of war."

Lucan *De bello civili* IX

raptum: Supply *esse*.
1055. **quisque**: modifies *impetus* (1056), "whatever impulse."
1056. **longe ... recessit**: "departed far."
1057. **scilicet**: "doubtless."
hoc animo: "with this intention."
1058. **necubi**: "lest anywhere."
pereat: Both "die" and "be lost to you" are meant.
1059. **arbitrio ... tuo**: "your control"; ablative of separation.
quam: "how"; with *magna*.
remisit < *remitto*, "concede."
1061. **quod**: introducing a substantive clause defining Fortune's concession.
te: sc. Caesar.
misereri < *misereor*, "take pity on" + genitive.
perfide: vocative.
1062. **nec non**: double negative intensifying a positive statement.
audet: The subject is Caesar.
1063. **fidem ... doloris**: "belief of (in) the grief pretended by (his) face."
1065. **peius ... meruit** (1066): "has deserved worse"; *scelus* (1066) is the subject.
1066. **unica ... praemia** (1067): accusative in apposition with *uictis donare salutem* (1067).
1068. **perdidimus**: the *pluralis maiestatis*, or "royal we."
quod si: "and if" (AG 324d).
germana: "sister," Cleopatra, to whom Ptolemy was married according to Egyptian custom.
1069. **foret** = *esset* in the protasis of a contrary to fact condition, followed by *potuissem* and *misissem* (1071) in the apodosis. The tenses are different because the protasis refers to present time and the apodosis to past.
1071. **Cleopatra**: an apostrophe.
quid: "why?"
1072. **inseruit** < *insero*, "add x (accusative) to y (dative)."
1073. **fecimus ... ius** (1074): "did we grant license."
1074. **uestris ... regnis**: dative of advantage; poetic plural.
1075. **Romana**: See on 124.
1076. **Ptolemaee**: vocative; scan u u – u .
1078. **si ... est**: "if any land is of (belongs to) two people."
1079. **uertissem**: the pluperfect potential subjunctive: "I could have turned away."
1080. **famae cura**: "concern of (for) my reputation."
damnasse = *damnauisse*.
cruentam ... Pharon (1081): "bloody Pharos," i.e., Egypt. *Pharon* is a Greek accusative.
1081. **fallere uosmet**: accusative and infinitive in indirect statement; *-met* is an intensive suffix (AG 143d).

Lucan *De bello civili* IX

1082. **nobis**: See on 1068.
1083. **ne ... gerantur**: substantive clause of result after *facit*, "brings it about [that]" (AG 568).
1084. **Thessaliae fortuna**: sc. the fact that Caesar won the battle of Pharsalus.
   maiore ... discrimine (1085): "greater danger"; ablative of manner.
   profecto: See on 477.
1085. **metui**: present infinitive passive.
   gessimus arma: "we waged war," a variation on the more usual *bellum gerere*.
1086. **Romamque timebam**: Caesar refused to return to Rome as a private citizen, since he could then be prosecuted for his part in past illegal actions.
1087. **parcimus annis**: "we spare his years." Ptolemy was fifteen at the time.
1088. **donamus**: See on 144; here Caesar's pardon stops short of a reward.
1089. **uenia**: ablative of comparison after *plus*.
1090. **sed non ut**: "but not (in such a manner) that."
   solum: adverb, "merely."
1093. **sparsis ... manibus** [< *manes*]: "(his) scattered remains"; see on 151.
1095. **dum**: "because" (OLD s.v. 4), as in the following line.
1096. **mauolt** = *mauult*.
1097-8. **concordia ... perit**: "our reconciliation is lost to the world."
1098. **caruere** = *caruerunt*.
1099. **ut**: introduces a substantive clause giving the content of Caesar's prayers.
   felicibus: "successful" (OLD s.v. 5).
1100. **adfectus ... ueteres**: "old ties of affection."
   uitamque ... tuam (1101): i.e., that you go on living after defeat.
1101. **digna ... laborum**: "a worthy enough reward of (my) labors."
1102. **esse**: after *rogarem* (1100).
   tunc: supplies the protasis of the contrary to fact condition : "then (if that had happened)..."
1103. **fecissem**: "I would have brought it about (that)..."
1104. **Roma**: Understand *posset ignoscere*.
   nec: with *inuenit* (1105).
   fatus: See on 109.
1105. **fletus comitem**: "a companion of (for) his weeping."
   querenti: dative with *credidit* (1106).
1106. **gemitus**: accusative plural.
   laeta: ablative with *fronte* (1107).
1107. **hilaresque...spectare....audent** (1108): Sure of Caesar's hypocrisy they can display their pleasure at the outcome.
1108. **lugeat**: subjunctive in a *cum* concessive clause. The book ends on a note of bitter irony worthy of Tacitus: the freedom men now have is that of

acting in accordance with what they surmise are their master's true feelings.